한문 강독을 통한

한자 문화권의 이해

| 최경환 · 김순미 · 박순남 공저 |

부산외국어대학교 출판부

한문 강독을 통한

한자문화권의 이해

2015년 8월 31일 초판1쇄 발행

저　자/ 최경환 · 김순미 · 박순남 공저
발행인/ 정 해 린
발행처/ 부산외국어대학교 출판부
등　록/ 제 14-11-15호
주　소/ 609-815 부산 금정구 금샘로 485번길 65
전　화/ 051) 509-6466~7 팩스/ 051) 509-6468
인터넷/ http://press.bufs.ac.kr
편　집/ 주간 · 박경수, 디자인 · 황은석
인쇄처/ 세종문화사 (051) 463-5898
공급처/ 한국출판협동조합 (02) 716-5616~9

ISBN 978-89-8312-409-8 03710

정가 15,000 원

| 머리말 |

19세기까지만 해도 중국과 한국 그리고 일본의 옛 지식인들은 굳이 통역을 통하지 않고서도 필담을 통해 의사소통이 가능하였다. 당시의 옛 지식인들은 모두 한문으로 글을 짓고 읽을 수 있었기 때문이다. 당시 한문이 의사소통의 매체로서만 기능한 것은 아니다. 중국 문화가 한문을 통해 한국과 일본의 옛 지식인들에게 소개되고 전파되어 각 나라의 문화 속으로 수용·변형되었다는 점에서, 한문은 문화 소통의 매체라고도 할 수 있다. 중국과 한국 그리고 일본을 통틀어 한자문화권이라고 말하는 이유가 바로 여기에 있다.

중국 문화 중에서 특히 유교문화와 불교문화는 한국과 일본에 엄청난 영향을 끼쳤다. 한문을 익힌 옛 지식인들은 그러한 문화를 받아들여 당대 사회의 가치관이나 세계관으로 정립하였을 뿐 아니라 이를 통해 한문을 익히지 않은 대다수 일반 서민들의 일상생활과 생각에까지 깊숙이 스며들게 하였다. 세 나라의 전통적인 가치관이나 세계관 중에서 비슷한 점이 많은 것은 바로 이 때문이다.

옛날과는 많이 달라지긴 하였지만, 오늘날에도 세 나라가 여전히 한자문화권에 속하고 있음을 직감할 수 있다. 다른 나라의 말을 할 줄 몰라도 한자만으로 다른 나라 사람들과 최소한의 의사소통을 할 수 있기 때문이다. 이러한 점에서 오늘날에도 한자는 충분하지는 않지만 여전히 의사소통의 매체가 된다고 할 수 있을 것이다.

이 책은 우리나라 대학생들이 한문으로 된 옛 지식인들의 글을 통해 세 나라의 전통적인 가치관이나 세계관의 면면을 접할 수 있도록 함과 아울러 한자 어휘력

과 한문 독해력을 함양할 수 있도록 편찬되었다. 그럼으로써 학생들이 과거에 한자문화권에서 이루어졌던 문화 소통을 실감할 수 있을 뿐 아니라 문화 소통의 기초 능력까지 구비할 수 있을 것으로 기대된다.

이 책에서는 세 나라의 전통적인 가치관이나 세계관을 혼인관, 교육관, 예절관, 음식관, 재물관, 처세관, 제사관, 자연관 등 8개 부문으로 나누어 각각 1개 단원으로 편성하였다. 각 단원의 모두에는 한자문화권, 특히 중국과 한국의 옛 지식인들의 견해가 표명되어 있는 단문 형태의 한문 원문을 제시하였다. 이 책에서는 '한자 → 한자어 또는 사자성어 → 한문'의 순으로 한문 학습이 체계적이고 단계적으로 이루어질 수 있도록 단원의 학습 활동 체제를 편성하였다. 그리하여 먼저 한문 원문에 사용된 한자와 그 한자가 들어가는 2음절 한자어 또는 사자성어를 학습하여 한자 어휘력을 늘린 다음, 한문 허사 용례와 한문 문법에 관한 학습을 통해 단문 형태로 된 한문 원문을 독해할 수 있도록 하였다.

이 책에서는 또한 학생들이 한자문화권의 가치관이나 세계관과 관련된 한문 원문의 내용을 더욱 잘 이해하고 또 심화할 수 있도록 내용 해석과 함께 '참조 자료 및 더 읽을 거리'를 제시하였다. 또한 해당 단원에 제시된 한자와 한문을 복습할 수 있도록 한자어 독음 쓰기, 한자어 쓰기, 한자어의 뜻 쓰기, 상대되는 뜻을 가진 한자 쓰기 및 한문 원문 번역하기 등을 학습활동으로 제시하였다.

이 책은 공동 저자들이 '2014년도 지방대학 특성화사업(CK-1)'으로부터 사업비 지원을 받아 1년여 기간 동안 작업한 끝에 발간하게 되었다. 이 자리를 빌려 사업단과 부산외국어대학교 출판부 관계자 여러분들에게 감사의 마음을 전한다.

| 차 례 |

01 婚姻觀 (혼인관)

司馬溫公曰, "凡議婚姻, 當先察其婿與婦之性行及家法何如. 勿苟慕其富貴. 婿苟賢矣, 今雖貧賤, 安知異時不富貴乎? 苟為不肖, 今雖富盛, 安知異時不貧賤乎? 婦者, 家之所由盛衰也. 苟慕一時之富貴而娶之, 彼挾其富貴, 鮮有不輕其夫而傲其舅姑, 養成驕妒之性. 異日為患, 庸有極乎? 借使因婦財以致富, 依婦勢以取貴, 苟有丈夫之志氣者能無愧乎?"(司馬光, 『溫公書儀』, <婚儀> 上)

한자어 학습

司(사) 말을, 벼슬, 살필

司會(사회) 모임 회　　上司(상사) 위 상　　司正(사정) 바르게할 정

馬(마) 말

匹馬(필마) 홀 필　　乘馬(승마) 탈 승　　落馬(낙마) 떨어질 락

溫(온) 따뜻할

溫湯(온탕) 목욕탕 탕　　溫氣(온기) 기운 기　　溫暖(온난) 따뜻할 난

公(공) 공적인 것, 드러낼

公共(공공) 함께할 공 公式(공식) 법 식 公開(공개) 열 개

凡(범) 무릇, 범상할

凡俗(범속) 속될 속 凡人(범인) 사람 인 凡庸(범용) 어리석을 용

議(의) 의논할, 의견, 논할

協議(협의) 모을 협 衆議(중의) 무리 중 論議(논의) 논할 논

婚(혼) 혼인할

結婚(결혼) 맺을 결 婚禮(혼례) 의식 례 離婚(이혼) 갈라질 리

姻(인) 혼인할, 인척

姻戚(인척) 친척 척 姻親(인친) 친척 친 近姻(근인) 가까울 근

當(당) 마땅할, 맞을

妥當(타당) 온당할 타 適當(적당) 맞을 적 該當(해당) 맞을 해

先(선) 먼저할, 먼저, 죽은 아버지

先唱(선창) 부를 창 先覺(선각) 깨달을 각 先考(선고) 아버지 고

察(찰) 살필, 조사할

觀察(관찰) 볼 관 省察(성찰) 살필 성 視察(시찰) 볼 시

婿(서) 사위

國婿(국서) 나라 국 令婿(영서) 높일 령 同婿(동서) 같을 동

與(여) 참여할, 줄, 편들

參與(참여) 참여할 참 付與(부여) 줄 부 與黨(여당) 정당 당

婦(부) 아내, 며느리

婦人(부인) 사람 인　主婦(주부) 주인 주　姑婦(고부) 시어미 고

性(성) 성품, 바탕, 성별

品性(품성) 품격 품　性質(성질) 바탕 질　男性(남성) 사내 남

行(행) 행실, 행할, 갈

奇行(기행) 기이할 기　履行(이행) 행할 리　徐行(서행) 천천히 서

及(급) 및, 미칠

言及(언급) 말할 언　普及(보급) 널리 보　波及(파급) 물결 파

家(가) 집, 전문가

喪家(상가) 복 입을 상　瓦家(와가) 기와 와　兵家(병가) 싸움 병

法(법) 법

司法(사법) 맡을 사　法律(법률) 법 률　遵法(준법) 지킬 준

何(하) 어느, 어찌, 약간

何時(하시) 때 시　何必(하필) 반드시 필　何等(하등) 무리 등

如(여) 같을, 여하

如前(여전) 앞 전　如意(여의) 뜻 의　如何(여하) 어찌 하

勿(물) 말

勿論(물론) 논할 논　勿怠(물태) 게으를 태　勿恥(물치)부끄러워할치

苟(구) 구차할, 간신히

苟且(구차) 구차할 차　苟生(구생) 살 생　苟合(구합) 모일 합

慕(모) 부러워할, 그리워할

羨慕(선모)부러워할 선 戀慕(연모) 그리워할 연 思慕(사모) 생각할 사

富(부) 부유할, 부자

富裕(부유) 넉넉할 유 貧富(빈부) 가난할 빈 巨富(거부) 클 거

貴(귀) 높을, 존경할, 중요할

貴人(귀인) 사람 인 貴下(귀하) 아래 하 貴重(귀중) 소중할 중

賢(현) 어질

賢明(현명) 밝을 명 賢良(현량) 착할 량 賢淑(현숙) 착할 숙

今(금) 이제, 오늘, 현대

只今(지금) 이 지 昨今(작금) 어제 작 古今(고금) 옛 고

貧(빈) 곤궁할, 가난할, 모자랄

貧困(빈곤) 곤할 곤 淸貧(청빈) 탐욕없을 청 貧血(빈혈) 피 혈

賤(천) 천할, 업신여길

貴賤(귀천) 귀할 귀 賤待(천대) 대접할 대 賤視(천시) 볼 시

安(안) 편안할

慰安(위안) 위로할 위 安康(안강) 편안할 강 安逸(안일) 편안할 일

知(지) 알, 지식

無知(무지) 없을 무 周知(주지) 두루 주 知能(지능) 능력 능

異(이) 다를, 기이할

差異(차이) 다를 차 特異(특이) 특별히 특 奇異(기이) 기이할 기

時(시) 때

暫時(잠시) 잠깐 잠　時勢(시세) 형세 세　時流(시류) 흐름 류

肖(초) 닮을

肖像(초상) 형상 상　不肖(불초) 아닐 불　酷肖(혹초) 매우 혹

盛(성) 성할, 많을, 무성할

旺盛(왕성) 성할 왕　豐盛(풍성) 넉넉할 풍　茂盛(무성) 우거질 무

所(소) 것, 곳

所得(소득) 얻을 득　場所(장소) 마당 장　所屬(소속) 속할 속

由(유) 까닭, 행할

理由(이유) 이치 리　事由(사유) 일 사　自由(자유) 스스로 자

衰(쇠) 쇠할

衰弱(쇠약) 약할 약　盛衰(성쇠) 성할 성　衰退(쇠퇴) 물러날 퇴

娶(취) 장가들, 아내 맞을

嫁娶(가취) 시집갈 가　婚娶(혼취) 혼인할 혼　再娶(재취) 다시 재

彼(피) 그, 저쪽

彼我(피아) 나 아　知彼(지피) 알 지　彼岸(피안) 언덕 안

挾(협) 의지할, 낄, 으를

挾勢(협세) 기세 세　挾攻(협공) 칠 공　挾雜(협잡) 천할 잡

鮮(선) 적을, 고울, 새

鮮希(선희) 드물 희　鮮明(선명) 밝을 명　新鮮(신선) 새 신

輕(경) 가볍게 볼, 가벼울

輕辱(경욕) 욕보일 욕　　輕傷(경상) 다칠 상　　輕車(경차) 차 차

夫(부) 사내, 육체 노동에 종사하는 사람

庸夫(용부)어리석을 용　　情夫(정부) 욕정 정　　鑛夫(광부) 광산 광

傲(오) 거만할, 교만할, 업신여길

傲氣(오기) 기운 기　　傲慢(오만) 거만할 만　　傲視(오시) 볼 시

舅(구) 시아버지, 장인, 외숙

舅姑(구고) 시어미 고　　國舅(국구) 나라 국　　舅父(구부) 아비 부

姑(고) 시어머니, 고모

姑母(고모) 어미 모　　姑叔(고숙) 아저씨 숙　　姑從(고종) 종 종

養(양) 기를, 다스릴

養育(양육) 기를 육　　養豚(양돈) 돼지 돈　　療養(요양) 고칠 료

成(성) 이룰, 익을

成功(성공) 공 공　　編成(편성) 엮을 편　　熟成(숙성) 익을 숙

驕(교) 교만할

驕慢(교만) 교만할 만　　驕佚(교일) 방자할 일　　驕色(교색) 낯빛 색

妬(투) 투기할, 샘낼

妬忌(투기) 미워할 기　　嫉妬(질투) 시기할 질　　妬心(투심) 마음 심

日(일) 날

昔日(석일) 예 석　　曜日(요일) 요일 요　　週日(주일) 일주 주

患(환) 근심, 병

憂患(우환) 근심 우　病患(병환) 병 병　患者(환자) 사람 자

庸(용) 어찌, 범상할, 떳떳할, 어리석을

庸才(용재) 재주 재　中庸(중용) 가운데 중　庸劣(용렬) 못할 렬

極(극) 극진할

極盡(극진) 다할 진　至極(지극) 지극할 지　積極(적극) 쌓을 적

借(차) 빌릴

借名(차명) 이름 명　賃借(임차) 빌릴 임　借用(차용) 쓸 용

使(사) 부릴, 벼슬 이름

使喚(사환) 부를 환　副使(부사) 버금 부　驛使(역사) 역 역

因(인) 인할, 까닭, 원인

原因(원인) 근본 원　要因(요인) 중요한 요　因果(인과) 결과 과

財(재) 재물, 재력

財貨(재화) 재물 화　財産(재산) 재산 산　財閥(재벌) 문벌 벌

以(이) ~로써, 부터

以上(이상) 윗 상　以前(이전) 앞 전　以內(이내) 안 내

致(치) 이를

致死(치사) 죽을 사　拉致(납치) 끌고갈 납　合致(합치) 합할 합

依(의) 의지할, 기댈

依賴(의뢰) 힘입을 뢰　依據(의거) 의지할 거　依支(의지) 기댈 지

勢(세) 세력, 형세, 기세

虛勢(허세) 헛될 허　　姿勢(자세) 모양 자　　攻勢(공세) 칠 공

取(취) 가질, 취할

取捨(취사) 버릴 사　　取得(취득) 얻을 득　　取消(취소) 없앨 소

丈(장) 길이, 장인

千丈(천장) 일천 천　　丈人(장인) 사람 인　　丈母(장모) 어미 모

志(지) 뜻

意志(의지) 뜻 의　　志願(지원) 바랄 원　　志操(지조) 절개 조

氣(기) 기운, 숨

士氣(사기) 군사 사　　氣象(기상) 모양 상　　氣絕(기절) 끊어질 절

能(능) 능력, 할 수 있을

無能(무능) 없을 무　　機能(기능) 작용 기　　可能(가능) 가히 가

愧(괴) 부끄러워할, 부끄러울

慙愧(참괴) 부끄러워할 참　　自愧(자괴) 스스로 자　　面愧(면괴) 대면할 면

✤ 허사 용례 및 어구 풀이

司馬溫公曰,"凡議婚姻, 當先察其壻與婦之性行及家法何如"; 사마온공이 말하기를, "무릇 혼인을 논의할 때에는, 마땅히 먼저 자신의 사위와 며느리의 성품과 행실 및 집안의 법도가 어떠한지를 살펴야만 한다."

- **司馬溫公曰** ~; 사마온공이 말하기를, ~ 라고 하였다, 사마온공이 ~ 라고 말하였다; '주어(司馬溫公) + 술어(曰)'의 형태; '司馬溫公'은 '성씨(司馬) + 관작의 이름(溫國公)의 형태', '曰'은 '말하다/동사'
- **凡議婚姻**; 무릇 혼인을 논의할 때에는; '부사어(凡) + 술어(議) + 목적어(婚姻)'의 형태; '凡'은 '무릇/발어사/널리 알려진 사실을 언급할 때 사용함,' '議'는 '의논하다/동사', '婚姻'은 '혼인/명사'
- **當先察其壻與婦之性行及家法何如**; 마땅히 먼저 자신의 사위와 며느리의 성품과 행실 및 집안의 법도가 어떠한지를 살펴야 한다; '조동사(當) + 부사어(先) + 술어(察) + 목적어(其壻與婦之性行及家法何如)'의 형태; '當~(술어/察)'은 '마땅히 ~해야 한다/조동사', '先'은 '먼저/부사', '察'은 '살피다/동사,' '其壻與婦之性行'은 '자신의 사위와 며느리의 성품과 행실/지시대명사(其) + 명사(壻) + 접속사(與)+ 명사(婦) + 관형격 조사(之) + 명사(性行)의 형태', '其'는 '자신의/지시대명사/혼인을 논의하는 사람을 가리킴', '壻'는 '사위/명사', '與'는 ' ~와/접속사', '婦'는 '며느리/명사', '之'는 ' ~의/관형격 조사', '性'은 '성품/명사', '行'은 '행실/명사', '及家法何如'는 '및 집안의 법도가 어떠한지/접속어(及) + 주어(家法) + 술어('爲' 또는 '是') + 보어(何如)의 형태인데 '爲' 또는 '是'가 생략됨', '家法'은 '집안의 법도/명사(家) + 관형격 조사(之) + 명사(法)의 형태인데 '之'가 생략됨', '家'는 '집안/명사', '法'은 '법/명사', '何如'는 '어떠한지/의문부사'

勿苟慕其富貴.; 구차하게 그들의 부유함과 귀함을 부러워하지 말아야 한다.

■ **勿苟慕其富貴**; 구차하게 그들의 부유함과 귀함을 부러워하지 말아야 한다; '금지사(勿) + 부사어(苟) + 술어(慕) + 목적어(其富貴)'의 형태; '勿 ~(술어/慕)'는 '~ 하지 말아야 한다/금지사', '苟'는 '구차하게/부사', '慕'는 '부러워하다/동사', '其'는 '그들/지시대명사/사위와 며느리(婿與婦)를 가리킴', '富'는 '부유함/명사', '貴'는 '귀함/명사'

婿苟賢矣, 今雖貧賤, 安知異時不富貴乎?; 사위가 만약 어질다면, 지금 비록 가난하고 천하더라도, 다른 때에 부유하고 귀하게 되지 않을 줄 어찌 알겠는가?

■ **婿苟賢矣**; 사위가 만약 어질다면; '주어(婿) + 부사어(苟) + 술어(賢) + 종결형 조사(矣)'의 형태/조건문; '婿'는 '사위/명사', '苟'는 '만약 ~ 한다면/부사', '賢'은 '어질다/형용사', '矣'는 '종결형 조사'
■ **今雖貧賤**; 지금 비록 가난하고 천하더라도; '부사어(今) + 부사어(雖) + 술어(貧賤)'의 형태; '今'은 '지금/부사', '雖'는 '비록 ~ 하더라도/부사', '貧'은 '가난하다/형용사', '賤'은 '천하다/형용사'
■ **安知異時不富貴乎**; 다른 때에 부유하고 귀하게 되지 않을 줄 어찌 알겠는가?; '부사어(安) + 술어(知) + 목적어(異時不富貴) + 종결형 조사(乎)'의 형태; '安 ~ 乎'는 '어찌 ~ 하겠는가?/반어문', '安'은 '어찌/의문부사', '知'는 '알다/동사', '異'는 '다른/관형사', '時'는 '때/명사', '不'은 '아니하다/부정사', '富'는 '부유하다/형용사', '貴'는 '귀하다/형용사', '乎'는 '반어문의 종결형 조사'

苟為不肖, 今雖富盛, 安知異時不貧賤乎?; 만약 못나고 어리석은 사람이라면, 지금 비록 재산이 넉넉하고 많다 하더라도, 다른 때에 가난하고 천하게 되지 않을 줄 어찌 알겠는가?

■ **苟為不肖**; 만약 못나고 어리석은 사람이라면; '부사어(苟) + 술어(爲) + 보어

(不肖)'의 형태; '苟'는 '만약/부사' '爲'는 '이다/동사', '不肖'는 '아버지를 닮지 않았다는 뜻으로 못나고 어리석은 사람을 이르는 말/명사'

- **今雖富盛**; 지금 비록 재산이 넉넉하고 많다 하더라도; '부사어(今) + 부사어(雖)+ 서술어(富盛)'의 형태; '今'은 '지금/부사', '雖'는 '비록 ~ 하더라도/부사', '富'는 '넉넉하다/형용사', '盛'은 '많다/형용사'
- **安知異時不貧賤乎**; 다른 때에 가난하고 천하게 되지 않을 줄 어찌 알겠는가; '부사어(安) + 술어(知) + 목적어(異時不貧賤) + 종결형 조사(乎)'의 형태; '安 ~ 乎'는 '어찌 ~ 하겠는가?/반어문', '安'은 '어찌/의문부사', '知'는 '알다/동사', '異'는 '다른/관형사', '時'는 '때/명사', '不'은 '아니하다/부정사', '貧'은 '가난하다/형용사', '賤'은 '천하다/형용사', '乎'는 '반어문의 종결형 조사'

婦者, 家之所由盛衰也.; 며느리라는 사람은 집안이 융성하게 되거나 쇠퇴하게 되는 원인이다.

- **婦者, 家之所由盛衰也**; 며느리라는 사람은 집안이 융성하게 되거나 쇠퇴하게 되는 원인이다; '주어(婦者) + 술어('爲' 또는 '是') + 보어(家之所由盛衰) + 종결형 조사(也)'의 형태인데 '爲' 또는 '是'가 생략됨; '婦者'는 '며느리라는 사람은/명사(婦) + 者의 형태', '婦'는 '며느리/명사', '者'는 ' ~ 라는 사람/주어를 강조하는 주격 조사', '家之所由盛衰也'는 '집안이 융성하게 되거나 쇠퇴하게 되는 원인이다/명사절로서 보어가 됨', '家'는 '집안, 가문/명사/'所 ~ ' 문장 앞에 명사나 대명사가 나오면, 그 명사나 대명사가 '所 ~ ' 문장의 주어가 됨', '之'는 ' ~이, 는, 가 /주격 조사', '所由 ~ '는 ' ~ 하게 되는 원인', '所'는 ' ~ 하는 것, ~ 하는 바/명사', '由'는 '말미암다/동사', '盛'은 '융성하다/동사', '衰'는 '쇠퇴하다/동사', '也'는 '평서문의 종결형 조사'

苟慕一時之富貴而娶之, 彼挾其富貴, 鮮有不輕其夫而傲其舅姑, 養成驕妬之性.; 만약 한때의 부귀를 부러워하여 그녀에게 장가든다면, 그녀는 자신의 부귀를 믿고, 자신의 남편을 가볍게 보고 자신의 시부모를 업신여겨 교만하고 투기하는 습성을 기르지 아니함이 드물 것이다.

- **苟慕一時之富貴而娶之**; 만약 한때의 부귀를 부러워하여 그녀에게 장가든다면; '부사어(苟) + 술어(慕) + 목적어(一時之富貴) + 접속어(而) + 술어(娶) + 목적어(之)'의 형태; '苟'는 '만약 ~ 한다면/부사', '慕'는 '부러워하다/동사', '一時'는 '일시, 한때/ 명사', '之'는 ' ~의/관형격 조사', '富貴'는 '부귀/명사', '而'는 ' ~ 하여/순접/접속사', '娶'는 '장가들다/동사.' '之'는 '그녀/부귀한 여자를 가리킴/지시대명사'
- **彼挾其富貴, 鮮有不輕其夫而傲其舅姑, 養成驕妬之性**; 그녀는 자신의 부귀를 믿고, 자신의 남편을 가볍게 보고 자신의 시부모를 업신여겨 교만하고 투기하는 습성을 기르지 아니함이 드물 것이다; '주어(彼) + 술어(挾) + 목적어(其富貴) + 술어(鮮有) + 목적어(不輕其夫而傲其舅姑, 養成驕妬之性)'의 형태; '彼'는 '그녀/인칭대명사/부귀를 부러워하여 남자가 장가든 여자를 가리킴', '挾'은 '믿다/동사', '其'는 '자신의/지시대명사/부귀한 여자를 가리킴', '富貴'는 '부귀/명사', '鮮有'은 ' ~ 함이 드물다', '不輕其夫而傲其舅姑, 養成驕妬之性'는 '자신의 남편을 가볍게 보고 자신의 시부모를 업신여겨 교만하고 투기하는 습성을 기르지 아니하다/부정사(不) + 술어(輕) + 목적어(其夫) + 접속어(而) + 술어(傲) + 목적어(其舅姑) + 술어(養成) + 목적어(驕妬之性)의 형태', '不'은 '아니하다/부정사', '輕'은 '가볍게 보다/동사', '其'는 '자신의/지시대명사/부귀한 여자를 가리킴', '夫'는 '남편/명사', '而'는 '~ 하고/순접/접속사', '傲'는 '업신여기다/동사', '其'는 '자신의/지시대명사/부귀한 여자를 가리킴', '舅姑'는 '시부모/명사', '養成'은 '기르다/동사', '驕妬之性'은 '교만하고 투기하는 습성/형용사(驕) + 동사(妬) + 관형격 조사(之) + 명사(性)', '驕'는 '교만하다/형용사', '妬'는 '투기하다/동사' '之'는 ' ~ 하는/관형격 조사', '性'은 '습성/명사'

異日為患, 庸有極乎? ; 다른 날 근심됨이 어찌 다함이 있겠는가?

■ **異日為患, 庸有極乎**; 다른 날 근심됨이 어찌 다함이 있겠는가; '부사어(異日) +주어(為患) + 부사어(庸) + 술어(有) + 목적어(極) + 종결형 조사(乎)'의 형태; '異'는 '다른/관형어', '日'은 '날/명사', '爲患'은 '근심됨이/술어(爲) + 보어(患)', '爲'는 '되다/동사', '患'은 '근심/명사', '庸'은 '어찌/의문부사', '有'는 '있다/동사', '極'은 '다함/명사', '乎'는 '반어문의 종결형 조사'

借使因婦財以致富, 依婦勢以取貴, 苟有丈夫之志氣者能無愧乎? ; 설령 아내의 재물로 말미암아 부자가 되고, 아내의 세력에 의지하여 귀함을 취하였다 할지라도, 진실로 장부의 뜻과 기개를 가진 자가 부끄러움이 없을 수 있겠는가?

■ **借使因婦財以致富, 依婦勢以取貴**; 설령 아내의 재물로 말미암아 부자가 되고, 아내의 세력에 의지하여 귀함을 취하였다 할지라도; '부사어(借使) + 술어(因) + 목적어(婦財) + 도구격 조사(以) + 술어(致) + 보어(富), 술어(依) + 목적어(婦勢) + 도구격 조사(以) + 술어(取) + 목적어(貴)'의 형태; '借使'는 '설령 ~ 할지라도/부사', '因'은 '말미암다/동사', '婦財'는 '아내의 재물/명사(婦) + 관형격조사(之) + 명사(財)의 형태인데 '之'가 생략됨', '婦'는 '아내/ 명사', '財'는 '재물/명사', '以'는 '~로써/개사/앞의 '因婦財'를 받음', '致'는 '이르다/동사', '富'는 '부자/명사', '依'는 '의지하다/동사', '婦勢'는 '아내의 세력/명사(婦) + 관형격 조사(之) + 명사(勢)의 형태인데 '之'가 생략됨', '婦'는 '아내/명사', '勢'는 '세력, 권세/명사', '以'는 '~로써/개사/앞의 '依婦勢'를 받음', '取'는 '취하다/동사', '貴'는 '귀함/명사'

■ **苟有丈夫之志氣者能無愧乎**; 진실로 장부의 뜻과 기개를 가진 자가 부끄러움이 없을 수 있겠는가?; '주어(苟有丈夫之志氣者) + 조동사(能) + 술어(無) + 목적어(愧) + 종결형 조사(乎)'의 형태; '苟有丈夫之志氣者'는 '진실로 장부의 뜻과 기개를 가진 자/ ~ (苟有丈夫之志氣) 者의 형태/'苟有丈夫之志氣'가 '者'를 수식함', '苟有丈夫之志氣'는 '진실로 장부의 뜻과 기개를 가지다/부사어(苟) + 술어(有) + 목적어(丈夫之志氣)의 형태', '苟'는 '진실로/부사', '有'는 '가지다, 있

다/동사', '丈夫之志氣'는 '장부의 뜻과 기개/명사(丈夫) + 관형격 조사(之) + 명사(志氣)', '丈夫'는 '대장부, 건장하고 씩씩한 사내/명사', '之'는 '~의/관형격 조사', '志氣'는 '뜻과 기개/명사(志) + 접속사(與) + 명사(氣)의 형태로 '與'가 생략됨', '志'는 '뜻/명사', '氣'는 '기개/명사', '者'는 '사람/명사', '能'은 '~할 수 있다/조동사', '無'는 '없다/동사', '愧'는 '부끄러움/명사', '乎'는 '반어문의 종결형 조사'

✤ 내용 해설

婚禮(혼례)는 자연인으로서의 男女(남녀)를 사회의 가장 기본적 인간관계인 夫婦(부부)로 인정하는 의식이다. 그리고 이것은 家庭(가정)이라는 하나의 사회 단위를 구성하기 위한 중요한 전제 조건이 되기 때문에 결혼을 성사시키기 위한 議婚(의혼)의 과정에서부터 남녀 간의 성품과 행실을 신중하게 살피는 것이 요구되었다.

議婚(의혼)에서 가장 먼저 고려되는 것은 결혼할 당사자가 소속된 두 집안이 중매인을 통해 상호 의사를 조절하는 과정이다. 이때에 사위나 며느리 될 사람의 품행과 가법을 살펴 혼담을 오가게 하는데, 이는 혹 모를 불상사를 대비하기 위한 것으로 집안의 내력을 검속하여 성혼의 맹약을 저버리는 실례를 범하지 않기 위해서이다. 그러므로 먼저 며느리 될 자는 婦道(부도)를 지킬 수 있는 자를 선택하였다. 반역한 집안[逆家子不取(역가자불취)], 음란한 집안[亂家子不取(난가자불취)], 대대로 형벌을 받은 집안[世有刑人不取(세유형인불취)], 대대로 유전병이 있는 집안[世有惡疾不取(세유악질불취)], 아버지가 없는 집안[喪父長子不取(상부장자불취)]은 五不取(오불취)라고 하여 며느리로 삼지 않았다. 이는 과부의 딸을 꺼리는 명분으로 사용되기도 하였으나, 아들에게도 적용되어 이에 해당하는 경우 역시 사위로 삼지 않았다.

집안의 가법을 따져 두 姓(성)이 좋은 배필로 맺어지더라도 재물을 탐하여 혼수의 많고 적음과 재산의 유무를 따져 혼인의 약속을 저버리는 경우도 더러 있었다. 혼례는 사람의 도리 중에서도 큰 것으로 禮(예)에는 일정한 제한이 있고, 법에는 금지하는 바가 있다. 가난한 사람이야 논할 재물이 없었지만, 부유한 자들은 항상 비교하여 남만 못한 것을 부끄러워하여 사치스러운 풍조를 조장하였다. 특히 법도를 따지는 사대부 집안에서조차 상대 집안의 부귀와 위세의 論家有無(논가유무)를 따져 혼인을 하려는 풍조가 있었다. 이러한 악습에 대하여 王達(왕달)은 "귀한 집안 큰 가문은 부를 쌓기 위해 어진 일을 하지 못하였는데, 이로 인해 복이 이미 시들어지기 시작하고 화가 잉태되고 있다. 그들과 혼인을 맺어 화를 당하지 않는 자가 드물다."라고 하여 그 병폐를 극단적으로 형용하였다. 사마광이 본문에서 "혼인을 논의할 때에는 신랑과 신부의 성품과 행실 및 가법을 먼저 살펴야 하고, 집안의 富貴與否(부귀여부)는 따지지 말아야 한다"라고 하였던 것도 역시 그러한 악습으로 인한 병폐를 지적한 것이다.

老石(노석) 呂九淵(여구연)은 '嫁如稼說(가여가설)'이라 하여 '嫁'의 글자를 '稼'에 비유하여 모판에서 모를 깨끗이 옮겨 심듯이 시집가는 처녀가 친정에서 익힌 습속을 모두 털어내고 깨끗한 마음으로 시집을 가야지 시집살이를 잘 할 수 있다는 뜻으로 풀이하였다. 이는 또한 친정의 재물과 가문의 위세를 등에 업고 시집을 갈 경우 시부모와 남편을 공경하지 못함을 경계한 것이기도 하다. 그러므로 딸을 시집보낼 때는 내 집보다 나은 집으로 보내고, 며느리를 맞을 때는 내 집만 못한 자를 택하였다. 그렇게 하면 딸은 남편을 섬기는데 반드시 공경할 것이며, 며느리는 시부모를 섬기는데 婦道(부도)를 지킬 것으로 여겨서이다. 사위 역시 여기에서 자유로울 수 없는 처지로 처가의 돈을 보고 혼인하는 경우 장부로서의 志氣(지기)가 없다는 비판에 직면하였다. 혼인은 상호 신뢰하고 의존하는 부부관계를 통해 가정이라는 하나의 새로운 사회 단위를 형성하는 절차이기 때문에 그 절차를 엄격하고도 분명하게 할 수밖에 없던 것이다.

오늘날 우리 사회에서 혼인과 관련된 병폐 가운데 하나가 예물 비용과 관련된 것이다. 혼인하는 집안과 비교되는 경제적 격차에 따른 상실감 때문에 혼인을 하지 않겠다는 이들이 생겨나고 실제로 비용 문제 때문에 혼인이 파탄나기도 한다. 올바른 혼인 문화의 정착이 아직도 요원한 일처럼 여겨진다.

性齋(성재) 許傳(허전)은 혼인의 의미에 대하여, "程子(정자)는 부부가 인륜의 시작이라고 하였는데, 이는 가정의 법도가 부부의 올바름에서 시작하고 부부는 혼인의 올바름에서 시작됨을 말하는 것이다."라고 하였다. 혼인은 다른 남녀와 구별되는 부부로서 특별한 관계를 맺게 하는 것인데, 이로써 가정과 가족의 일원으로 편입되어 부모를 봉양하고, 자손을 생산하여 세대를 계승하게 된다. 그러므로 한 여자와 한 남자가 배필을 정함에 있어서 전제되어야 할 중요한 것은 가문의 위세나 재물의 유무가 아닌, 남편으로서 아내로서 가정 내에서 그 위치와 역할을 다 할 것이라는 약속과 신뢰라고 할 수 있다.

〈참조한 자료 및 더 읽을 거리〉

권광욱, 『육례 이야기』, 해돋이, 1996.

류장원 저, 『국역 상변통고』, 한국고전의례연구회, 신지서원, 2009.

성백효 역주, 『소학집주』, 전통문화연구회, 2000.

유향 저, 이숙인 역 『열녀전』, 예문서원, 1997.

정경주, 『한국고전의례상식』, 신지서원, 2000.

지재희, 『예기』, 자유문고, 2000.

한국학문헌연구소 편, 『내훈·여사서』, 서울아세아문화사, 1973.

익힘문제

(1) 다음 한자어의 독음을 쓰시오.

1. 司會 (　　　)	2. 司正 (　　　)	3. 匹馬 (　　　)
4. 乘馬 (　　　)	5. 溫湯 (　　　)	6. 溫暖 (　　　)
7. 公式 (　　　)	8. 公開 (　　　)	9. 凡俗 (　　　)
10. 凡庸 (　　　)	11. 協議 (　　　)	12. 論議 (　　　)
13. 婚禮 (　　　)	14. 離婚 (　　　)	15. 姻戚 (　　　)
16. 近姻 (　　　)	17. 妥當 (　　　)	18. 該當 (　　　)
19. 先唱 (　　　)	20. 先覺 (　　　)	21. 省察 (　　　)
22. 視察 (　　　)	23. 國婿 (　　　)	24. 令婿 (　　　)
25. 參與 (　　　)	26. 與黨 (　　　)	27. 婦人 (　　　)
28. 主婦 (　　　)	29. 性質 (　　　)	30. 男性 (　　　)
31. 奇行 (　　　)	32. 履行 (　　　)	33. 普及 (　　　)
34. 波及 (　　　)	35. 瓦家 (　　　)	36. 兵家 (　　　)
37. 司法 (　　　)	38. 遵法 (　　　)	39. 何時 (　　　)
40. 何等 (　　　)	41. 如前 (　　　)	42. 如意 (　　　)
43. 勿怠 (　　　)	44. 勿恥 (　　　)	45. 苟且 (　　　)
46. 苟合 (　　　)	47. 羨慕 (　　　)	48. 戀慕 (　　　)
49. 富裕 (　　　)	50. 貧富 (　　　)	51. 貴下 (　　　)
52. 貴重 (　　　)	53. 賢良 (　　　)	54. 賢淑 (　　　)
55. 昨今 (　　　)	56. 古今 (　　　)	57. 貧困 (　　　)
58. 清貧 (　　　)	59. 貴賤 (　　　)	60. 賤視 (　　　)
61. 慰安 (　　　)	62. 安康 (　　　)	63. 周知 (　　　)

64. 知能 (　　)	65. 差異 (　　)	66. 奇異 (　　)
67. 暫時 (　　)	68. 時勢 (　　)	69. 肖像 (　　)
70. 酷肖 (　　)	71. 旺盛 (　　)	72. 茂盛 (　　)
73. 場所 (　　)	74. 所屬 (　　)	75. 理由 (　　)
76. 事由 (　　)	77. 衰弱 (　　)	78. 盛衰 (　　)
79. 嫁娶 (　　)	80. 婚娶 (　　)	81. 彼我 (　　)
82. 知彼 (　　)	83. 挾勢 (　　)	84. 挾雜 (　　)
85. 鮮希 (　　)	86. 鮮明 (　　)	87. 輕辱 (　　)
88. 輕傷 (　　)	89. 庸夫 (　　)	90. 鑛夫 (　　)
91. 傲慢 (　　)	92. 傲視 (　　)	93. 舅姑 (　　)
94. 舅父 (　　)	95. 姑叔 (　　)	96. 姑從 (　　)
97. 養豚 (　　)	98. 療養 (　　)	99. 編成 (　　)
100. 熟成 (　　)	101. 驕慢 (　　)	102. 驕佚 (　　)
103. 妬忌 (　　)	104. 妬心 (　　)	105. 昔日 (　　)
106. 曜日 (　　)	107. 憂患 (　　)	108. 病患 (　　)
109. 庸才 (　　)	110. 庸劣 (　　)	111. 極盡 (　　)
112. 積極 (　　)	113. 借名 (　　)	114. 賃借 (　　)
115. 使喚 (　　)	116. 驛使 (　　)	117. 要因 (　　)
118. 因果 (　　)	119. 財貨 (　　)	120. 財閥 (　　)
121. 以前 (　　)	122. 以內 (　　)	123. 致死 (　　)
124. 拉致 (　　)	125. 依賴 (　　)	126. 依據 (　　)
127. 虛勢 (　　)	128. 姿勢 (　　)	129. 取捨 (　　)
130. 取消 (　　)	131. 千丈 (　　)	132. 丈母 (　　)
133. 志願 (　　)	134. 志操 (　　)	135. 氣象 (　　)
136. 氣絕 (　　)	137. 機能 (　　)	138. 可能 (　　)

139. 慙愧 (　　　)　　140. 面愧 (　　　)

(2) 다음 낱말을 한자로 쓰시오.

1. 상사 (　　　)	2. 낙마 (　　　)	3. 온기 (　　　)
4. 공공 (　　　)	5. 범인 (　　　)	6. 중의 (　　　)
7. 결혼 (　　　)	8. 인친 (　　　)	9. 적당 (　　　)
10. 선고 (　　　)	11. 관찰 (　　　)	12. 동서 (　　　)
13. 부여 (　　　)	14. 고부 (　　　)	15. 품성 (　　　)
16. 서행 (　　　)	17. 언급 (　　　)	18. 상가 (　　　)
19. 법률 (　　　)	20. 하필 (　　　)	21. 여하 (　　　)
22. 물론 (　　　)	23. 구생 (　　　)	24. 사모 (　　　)
25. 거부 (　　　)	26. 귀인 (　　　)	27. 현명 (　　　)
28. 지금 (　　　)	29. 빈혈 (　　　)	30. 천대 (　　　)
31. 안일 (　　　)	32. 무지 (　　　)	33. 특이 (　　　)
34. 시류 (　　　)	35. 불초 (　　　)	36. 풍성 (　　　)
37. 소득 (　　　)	38. 자유 (　　　)	39. 쇠퇴 (　　　)
40. 재취 (　　　)	41. 피안 (　　　)	42. 협공 (　　　)
43. 신선 (　　　)	44. 경차 (　　　)	45. 정부 (　　　)
46. 오기 (　　　)	47. 국구 (　　　)	48. 고모 (　　　)
49. 양육 (　　　)	50. 성공 (　　　)	51. 교색 (　　　)
52. 질투 (　　　)	53. 주일 (　　　)	54. 환자 (　　　)
55. 중용 (　　　)	56. 지극 (　　　)	57. 차용 (　　　)
58. 부사 (　　　)	59. 원인 (　　　)	60. 재산 (　　　)
61. 이상 (　　　)	62. 합치 (　　　)	63. 의지 (　　　)

64. 공세 (　　　　)　65. 취득 (　　　　)　66. 장인 (　　　　)
67. 의지 (　　　　)　68. 사기 (　　　　)　69. 무능 (　　　　)
70. 자괴 (　　　　)

(3) 다음 한자어의 뜻을 쓰시오.

1. 司正　2. 匹馬
3. 溫暖　4. 公共
5. 凡庸　6. 衆議
7. 婚禮　8. 近姻
9. 適當　10. 先考
11. 視察　12. 令婿
13. 參與　14. 主婦
15. 性質　16. 履行
17. 波及　18. 瓦家
19. 遵法　20. 何等
21. 如意　22. 勿論
23. 苟合　24. 羡慕
25. 巨富　26. 貴下
27. 賢淑　28. 昨今
29. 淸貧　30. 賤視
31. 慰安　32. 周知
33. 特異　34. 時勢
35. 不肖　36. 茂盛
37. 所屬　38. 事由

39. 盛衰　　40. 再娶
41. 彼岸　　42. 挾攻
43. 鮮希　　44. 輕車
45. 庸夫　　46. 傲視
47. 國舅　　48. 姑從
49. 療養　　50. 編成
51. 驕佚　　52. 妬忌
53. 昔日　　54. 憂患
55. 中庸　　56. 至極
57. 借用　　58. 驛使
59. 因果　　60. 財閥
61. 以內　　62. 合致
63. 依賴　　64. 姿勢
65. 取消　　66. 千丈
67. 志操　　68. 氣絕
69. 機能　　70. 面愧

(4) 뜻이 반대되거나 상대되도록 ( )에 알맞은 한자를 쓰시오.

1. 姑 ↔ ( )　　2. 婦 ↔ ( )
3. 富 ↔ ( )　　4. 古 ↔ ( )
5. 賢 ↔ ( )　　6. 安 ↔ ( )
7. 退 ↔ ( )　　8. 彼 ↔ ( )
9. 輕 ↔ ( )　　10. 劣 ↔ ( )
11. 取 ↔ ( )　　12. 先 ↔ ( )

13. 落 ↔ (　　)　　14. 巨 ↔ (　　)

15. 上司 ↔ (　　)下　　16. 落馬 ↔ (　　)馬

17. 溫湯 ↔ (　　)湯　　18. 公開 ↔ (　　)蔽

19. 凡人 ↔ (　　)人　　20. 結婚 ↔ (　　)婚

21. 妥當 ↔ (　　)當　　22. 與黨 ↔ (　　)黨

23. 徐行 ↔ (　　)行　　24. 瓦家 ↔ (　　)家

25. 遵法 ↔ (　　)法　　26. 貴人 ↔ (　　)人

27. 先考 ↔ 先(　　)　　28. 自由 ↔ (　　)縛

29. 姑母 ↔ (　　)母　　30. 成功 ↔ (　　)敗

31. 積極 ↔ (　　)極　　32. 原因 ↔ 結(　　)

33. 以上 ↔ 以(　　)　　34. 丈人 ↔ 丈(　　)

〈답〉

1. 婦, 舅　2. 夫　3. 貧　4. 今　5. 愚　6. 危　7. 進
8. 我, 此　9. 重　10. 優　11. 捨　12. 後　13. 當, 登　14. 細
15. 部　16. 乘　17. 冷　18. 隱　19. 超　20. 離　21. 不
22. 野　23. 急　24. 草　25. 違　26. 賤　27. 妣　28. 束
29. 姨　30. 失　31. 消　32. 果　33. 下　34. 母

(5) 다음 문장에 대해 독음을 적고, 번역을 하시오.

1. 司馬溫公曰凡議婚姻當先察其婿與婦之性行及家法何如勿苟慕其富貴

(독음)

(번역)

2. 婿苟賢矣今雖貧賤安知異時不富貴乎苟為不肖今雖富盛安知異時不貧賤乎

(독음)

(번역)

3. 婦者家之所由盛衰也苟慕一時之富貴而娶之彼挾其富貴鮮有不輕其夫而傲其舅姑

(독음)

養成驕妬之性異日為患庸有極乎

(독음)

(번역)

4. 借使因婦財以致富依婦勢以取貴苟有丈夫之志氣者能無愧乎

(독음)

(번역)

02 教育觀 (교육관)

爲學, 在於日用行事之間. 若於平居, 居處恭, 執事敬, 與人忠, 則是名爲學. 讀書者, 欲明此理而已. 衣服, 不可華侈, 禦寒而已. 飮食, 不可甘美, 救飢而已. 居處, 不可安泰, 不病而已. 惟是學問之功, 心術之正, 威儀之則, 則日勉勉而不可自足也.(李珥, 『擊蒙要訣』, <持身章>)

한자어 학습

爲(위) **할, 삼을**

行爲(행위) **할**	행	當爲(당위) **마땅할**	당	爲主(위주) **주될**	주

學(학) **학문**

科學(과학) **과목**	과	哲學(철학) **밝을**	철	曲學(곡학) **굽힐**	곡

在(재) **있을**

潛在(잠재) **잠길**	잠	不在(부재) **아닐**	부	所在(소재) **곳**	소

日(일) **날**

日氣(일기) **날씨** 기 寧日(영일) **편안할** 녕 休日(휴일) **쉴** 휴

用(용) **쓸, 쓰일**

任用(임용) **맡길** 임 費用(비용) **비용** 비 藥用(약용) **약** 약

行(행) **행할, 다닐, 항렬(항)**

順行(순행) **따를** 순 運行(운행) **움직일** 운 行列(항렬) **줄** 렬

事(사) **일, 직업**

事態(사태) **상태** 태 好事(호사) **좋을** 호 判事(판사) **판가름할** 판

間(간) **사이, 틈**

瞬間(순간) **눈깜짝일** 순 空間(공간) **빌** 공 間隙(간극) **틈** 극

若(약) **만약, 같을**

萬若(만약) **만일** 만 自若(자약) **스스로** 자 若干(약간) **싸라기** 간

平(평) **평상시, 평평할**

平素(평소) **평소** 소 平準(평준) **고를** 준 平原(평원) **들** 원

居(거) **살**

居住(거주) **살** 주 蟄居(칩거) **숨을** 칩 隱居(은거) **숨을** 은

處(처) **살, 다스릴**

處所(처소) **곳** 서 處理(처리) **다스릴** 리 措處(조처) **처리할** 조

恭(공) **공손할, 높일**

恭敬(공경) **공경할** 공 過恭(과공) **지나칠** 과 謙恭(겸공) **겸손할** 겸

執(집) 처리할, 잡을

執務(집무) 업무 무　執行(집행) 행할 행　固執(고집) 굳을 고

敬(경) 공경할

敬老(경로) 늙을 로　敬虔(경건) 경건할 건　敬意(경의) 뜻 의

與(여) 더불, 줄, 편들

與件(여건) 조건 건　寄與(기여) 보낼 기　與圈(여권) 범위 권

人(인) 사람

個人(개인) 낱 개　人權(인권) 권리 권　人類(인류) 무리 류

忠(충) 정성스러울, 충성할, 충성

忠實(충실) 참 실　忠僕(충복) 종 복　忠節(충절) 절개 절

名(명) 이름지을, 이름

命名(명명) 이름지을 명　署名(서명) 쓸 서　名簿(명부) 장부 부

讀(독) 읽을, 구절(두)

購讀(구독) 살 구　朗讀(낭독) 소리낼 낭　句讀(구두) 구절 구

書(서) 글, 편지, 글씨

書堂(서당) 집 당　書狀(서장) 편지 장　書幅(서폭) 족자 폭

欲(욕) ~하고자 할, 바랄, 욕심

欲求(욕구) 구할 구　過欲(과욕) 지나칠 과　財欲(재욕) 재물 재

明(명) 밝힐, 분명할

糾明(규명) 살필 규　闡明(천명) 드러낼 천　明白(명백) 분명할 백

理(리) 이치, 다스릴

道理(도리) 이치 도　　管理(관리) 맡을 관　　整理(정리) 가지런할 정

已(이) ~할 뿐(따름), 이미

已成(이성) 이루어질 성　　已往(이왕) 갈 왕　　已罷(이파) 파할 파

衣(의) 옷

脫衣(탈의) 벗을 탈　　錦衣(금의) 비단 금　　壽衣(수의) 목숨 수

服(복) 옷, 좇을

服裝(복장) 옷차림 장　　着服(착복) 입을 착　　服從(복종) 따를 종

華(화) 화려할, 빛날

豪華(호화) 사치할 호　　繁華(번화) 번성할 번　　榮華(영화) 번영할 영

侈(치) 사치할, 오만할

奢侈(사치) 사치할 사　　侈習(치습) 풍습 풍　　侈傲(치오) 거만할 오

禦(어) 막을

防禦(방어) 막을 방　　禦寒(어한) 추위 한　　抗禦(항어) 겨룰 항

寒(한) 추위, 찰, 천할

耐寒(내한) 견딜 내　　寒暖(한난) 따뜻할 난　　寒微(한미) 천할 미

飮(음) 마실 것, 마실

試飮(시음) 맛볼 시　　飮酒(음주) 술 주　　飮毒(음독) 독 독

食(식) 음식, 먹을

服食(복식) 옷 복　　洋食(양식) 서양 양　　食鹽(식염) 소금 염

甘(감) 달, 달게 여길

甘酒(감주) 술 주　甘言(감언) 말씀 언　甘受(감수) 받아들일 수

美(미) 맛있을, 아름다울, 미국

甘美(감미) 달 감　美醜(미추) 추할 추　駐美(주미) 머무를 주

救(구) 구원할, 막을

救助(구조) 도울 조　救援(구원) 구원할 원　救寒(구한) 추위 한

饑(기) 주릴, 흉년

饑飽(기포) 배부를 포　饑渴(기갈) 목마를 갈　饑饉(기근) 흉년들 근

安(안) 편안할

安住(안주) 머무를 주　不安(불안) 아닐 부　安堵(안도) 편안히살 도

泰(태) 산 이름, 편안할

泰斗(태두) 별 이름 두　泰然(태연) 형용어 연　泰平(태평) 편안할 평

病(병) 병, 결점

問病(문병) 물을 문　發病(발병) 일어날 발　病弊(병폐) 폐단 폐

惟(유) 오직, 생각할

惟獨(유독) 홀로 독　惟一(유일) 한 일　思惟(사유) 생각할 사

問(문) 물을, 찾을

諮問(자문) 상의할 자　訊問(신문) 물을 신　弔問(조문) 조상할 조

功(공) 효험, 공

功力(공력) 힘 력　功勞(공로) 공로 로　功名(공명) 이름날 명

心(심) **마음**

銘心(명심) **새길** 명　　戀心(연심) **그리워할** 련　　決心(결심) **결정할** 결

術(술) **방법, 기술, 술수**

話術(화술) **말씀** 화　　醫術(의술) **병고칠** 의　　術策(술책) **꾀** 책

正(정) **바를**

正當(정당) **마땅할** 당　　不正(부정) **아닐** 부　　適正(적정) **알맞을** 적

威(위) **거동, 위엄, 힘**

權威(권위) **권세** 권　　威脅(위협) **으를** 협　　示威(시위) **보일** 시

儀(의) **거동, 법식, 선물**

禮儀(예의) **예절** 례　　儀式(의식) **법** 식　　賻儀(부의) **부의** 부

則(칙) **본보기, 법칙**

鐵則(철칙) **변치않을** 철　　細則(세칙) **자세할** 세　　犯則(범칙) **범할** 범

日(일) **날**

日誌(일지) **기록할** 지　　連日(연일) **잇닿을** 연　　日程(일정) **순서** 정

勉(면) **힘쓸, 권면할**

勤勉(근면) **부지런할** 근　　勉學(면학) **배울** 학　　勉勵(면려) **힘쓸** 려

自(자) **스스로, ~부터**

自矜(자긍) **자랑할** 긍　　自尊(자존) **높일** 존　　自初(자초) **처음** 초

足(족) **넉넉할, 발**

不足(부족) **아닐** 부　　滿足(만족) **찰** 만　　足跡(족적) **자취** 적

✤ 허사 용례 및 어구 풀이

爲學, 在於日用行事之間.; 학문을 하는 것은 일상생활에서 일을 행하는 사이에 있다.

■ **爲學, 在於日用行事之間**; 학문을 하는 것은 일상생활에서 일을 행하는 사이에 있다; '주어(爲學) + 술어(在) + 부사어(於日用行事之間)'의 형태; '爲學'은 '학문을 하는 것/술어(爲) + 목적어(學)/동사구로서 주어', '爲'는 '하다/동사', '學'은 '학문/명사', '在'는 '있다/동사', '於'는 ' ~ 에/처격 조사', '日用行事之間'은 '일상생활에서 일을 행하는 사이/동사구(日用行事) + 관형격 조사(之) + 명사(間)의 형태', '日用行事'는 '일상생활에서 일을 행하다/부사어(日用) + 술어(行) + 목적어(事)', '日用'은 '일상생활에서/부사', '行'은 '행하다/동사', '事'는 '일/명사', '之'는 ' ~하는/관형격 조사', '間'은 '사이/명사'

若於平居, 居處恭, 執事敬, 與人忠, 則是名爲學.; 만약 평상시에, 거처할 때에는 몸가짐과 언행을 삼가하고, 일을 처리할 때에는 경건하게 하며, 남과 함께 할 때에는 정성을 다한다면, 이를 이름하여 학문이라고 한다.

■ **若於平居, 居處恭, 執事敬, 與人忠, 則是名爲學**; 만약 평상시에, 거처할 때에는 몸가짐과 언행을 삼가하고, 일을 처리할 때에는 경건하게 하며, 남과 함께 할 때에는 정성을 다한다면, 이를 이름하여 학문이라고 한다; '若 ~ (於平居, 居處恭, 執事敬, 與人忠), 則 ~ (是名爲學)'의 형태/만약 ~ 하면, ~ 하다/조건문; '若'은 '만약 ~ 하면/부사', '於平居, 居處恭, 執事敬, 與人忠'은 '부사어(於平居), 부사어(居處) + 술어(恭), 부사어(執事) + 술어(敬), 부사어(與人) + 忠(술어)의 형태', '於平居'는 '평상시에/시간전치사(於) + 시간어(平居)', '於'는 ' ~ 에/시간 전치사', '平居'는 '평상시', '居處'는 '거처할 때에는/술어(居) + 목적어(處)', '居'는 '살다/동사', '處'는 '일정한 곳/명사', '恭'은 '몸가짐과 언행을 삼가다/동사', '執事'는 '일을 처리할 때에는/술어(執) + 목적어(事)', '執'은 '처

리하다/동사'. '事'는 '일/명사', '敬'은 '경건하게 하다/동사', '與人'은 '남과 함께 할 때에는/술어(與) + 목적어(人)', '與'는 '함께 하다, 더불다/동사', '人'은 '남/명사', '忠'은 '정성을 다하다/동사', '則'은 '~하면~하다/접속사', '是名爲學'은 '이를 이름 하여 학문이라고 한다/목적어(是) + 술어(名) + 술어(爲) + 보어(學)의 형태', '是'는 '이/지시대명사/於平居, 居處恭, 執事敬, 與人忠을 가리킴', '名'은 '이름하다, 지칭하다/동사', '爲'는 '~라고 말하다/동사', '學'은 '학문/명사'

讀書者, 欲明此理而已.; 책을 읽는다는 것은 이 이치를 밝히려고 하는 것일 뿐이다

■ **讀書者, 欲明此理而已**; 책을 읽는다는 것은 이 이치를 밝히려고 하는 것일 뿐이다; '주어(讀書者) + 술어('爲' 또는 '是') + 보어(欲明此理) + 한정어(而已)'의 형태인데 '爲' 또는 '是'가 생략됨; '讀書者'는 '독서라는 것은, 책을 읽는다는 것은/명사(讀書) + 者의 형태', '讀書'는 '독서/명사', '者'는 '~라는 것/주어를 강조하는 주격 조사', '欲明此理'는 '이 이치를 밝히려고 하는 것/조동사(欲) + 술어(明) + 목적어(此理)의 형태/동사구로서 보어가 됨', '欲~(동사/明)'는 '~하려고 하다/조동사', '明'는 '밝히다/동사', '此理'는 '이 이치/지시대명사(此) + 명사(理)/爲學, 在於日用行事之間을 가리킴', '而已'는 '~할 뿐이다, ~할 따름이다/한정사'

衣服, 不可華侈, 禦寒而已.; 의복은 화려하거나 사치스러워서는 안 되며 추위를 막을 뿐이다

■ **衣服, 不可華侈**; 의복은 화려하거나 사치해서는 안 된다; '주어(衣服) + 부정사(不) + 조동사(可) + 술어(華侈)'의 형태; '衣服'은 '옷/명사', '不可'는 '~해서는 안 된다/허가를 나타내는 조동사의 부정형', '不'은 '아니하다/부정사',

'可'는 ' ~ 해도 좋다/허가를 나타내는 조동사', '華'는 '화려하다/형용사', '侈'는 '사치스럽다/형용사'

- **禦寒而已**; 추위를 막을 뿐이다; '술어(禦) + 목적어(寒) + 한정어(而已)'의 형태; '禦'는 '막다/동사', '寒'은 '추위/명사', '而已'는 ' ~ 할 뿐이다, ~ 할 따름이다/한정사'

飮食, 不可甘美, 救飢而已.; 음식은 달고 맛있어서는 안 되며 굶주림을 구제할 뿐이다

- **飮食, 不可甘美**; 음식은 달고 맛있어서는 안 된다; '주어(飮食) + 부정사(不) + 조동사(可) + 술어(甘美)'의 형태; '飮食'은 '음식/명사', '不可'는 ' ~해서는 안 된다/허가를 나타내는 조동사의 부정형', '不'은 '아니하다/부정사', '可'는 ' ~ 해도 좋다/허가를 나타내는 조동사', '甘'은 '달다/형용사', '美'는 '맛있다/형용사'
- **救飢而已**; 굶주림을 구제할 뿐이다; '술어(救) + 목적어(飢) + 한정어(而已)'의 형태; '救'는 '구제하다/동사', '飢'는 '굶주림/명사', '而已'는 ' ~ 할 뿐이다, ~ 할 따름이다/한정사'

居處, 不可安泰, 不病而已. ; 거처하는 곳은 편안해서는 안 되며 병들지 않게 할 뿐이다.

- **居處, 不可安泰**; 거처하는 곳은 편안해서는 안 된다; '주어(居處) + 부정사(不) + 조동사(可) + 술어(安泰)'의 형태; '居處'는 '거처하는 곳/명사', '不可'는 ' ~해서는 안 된다/허가를 나타내는 조동사의 부정형', '不'은 '아니하다/부정사', '可'는 ' ~ 해도 좋다/허가를 나타내는 조동사', '安'은 '편안하다/형용사', '泰'는 '편안하다/형용사'
- **不病而已**; 병들지 않게 할 뿐이다; '부정사(不) + 술어(病) + 한정어(而已)'의

형태; '不'은 '아니하다/부정사', '病'은 '병들다, 병이 나다/동사', '而已'는 '~할 뿐이다, ~할 따름이다/한정사'

惟是學問之功, 心術之正, 威儀之則, 則日勉勉而不可自足也.; 오직 이러한 학문의 효험과 마음 쓰는 방법의 바름과 몸가짐의 본보기에 대해서는 날마다 힘쓰고 힘써서 스스로 만족해서는 안 된다.

- **惟是學問之功, 心術之正, 威儀之則, 則日勉勉而不可自足也**; 오직 이 학문의 효험과 마음 쓰는 방법의 바름과 몸가짐의 본보기에 대해서는 날마다 힘쓰고 힘써서 스스로 만족해서는 안 된다; '명사구(惟是學問之功, 心術之正, 威儀之則) + 則 ~ (日勉勉而不可自足也)'의 형태/ ~ 에 대해서는 ~ 하다; '惟'는 '오직/한정사', '是'는 '이러한/지시대명사/앞의 내용을 가리킴', '學問之功'은 '학문의 효험/명사(學問) + 之 + 명사(功)', '學問'은 '학문/명사', '之'는 '~의/관형격 조사', '功'은 '효험/명사', '心術之正'은 '마음 쓰는 방법의 바름/명사(心術) + 之 + 명사(正)', '心術'은 '마음 쓰는 방법/명사', '之'는 '~의/관형격 조사', '正'은 '바름/명사', '威儀之則'은 '몸가짐의 본보기/명사(威儀) + 之 + 명사(則)', '威儀'는 '몸가짐/명사', '之'는 '~의/관형격 조사', '則'은 '본보기/'칙'으로 읽음/명사', '則'은 '~에 대해서는/'즉'으로 읽음/화제격 조사', '日勉勉而不可自足也'는 '부사어(日) + 서술어(勉勉) + 접속어(而) + 부정사(不) + 조동사(可) + 부사어(自) + 술어(足) + 종결형 조사(也)의 형태', '日'은 '날마다/부사', '勉勉'은 '힘쓰고 힘쓰다(동사)', '而'은 '~해서/순접/접속사', '不可'는 '~해서는 안 된다/허가를 나타내는 조동사의 부정형', '自'는 '스스로/부사', '足'은 '만족하다/동사', '也'는 '평서문의 종결형 조사'

✤ 내용 해설

『學語集(선인의 말을 모아 놓은 책)』에서 옛 사람은 "사람이 되어서 배우지 않으면 사람 노릇을 할 수 없다(人而不學, 無以爲人)"라고 하였다. 이는 진리를 탐구하고 지식을 축적하여 인격을 수양하고 도덕을 실천하는 것이 학문 본연의 목표라고 생각했기 때문이다.

유가의 학자들은 대체로 학문의 궁극적인 목표를 성현이나 군자가 되는 데 두었다. 성현이나 군자는 하나의 이상적인 인격을 가진 사람을 가리키는 말이다. 그렇게 되기 위해서 무엇보다 중요하고 절실한 과제는 인간다운 덕성을 성취하고 인간으로서의 도리를 다하는 것에 있다고 보았다. 그러나 인간다운 덕성은 사람이 몸과 마음에 습득하여 지닌 것이지 말이나 글에 있는 것이 아니다. 그래서 좋은 방도를 체득한 사람으로부터 그가 행하는 도리를 배워야 하며, 가르침을 통해 그 합당한 도리를 체득해야한다. 성현이 남긴 경전에는 합당한 도리를 체득한 성현의 가르침이 말과 글로 요약되어 있지만, 가르침과 배움은 궁극으로 도리를 체득하는 데 귀결되고, 또 도리를 체득하는 것은 배우는 사람의 실천 여하에 달려있다.

그러므로 어려서부터 『小學(소학)』에서 灑掃應對(쇄소응대)와 進退(진퇴)의 절차를 가르치고, 愛親(애친)과 敬長(경장), 隆師(융사), 親友(친우)의 법도를 가르쳤다. '마당 쓸고 대답하며 나아가고 물러나는 절도'란 일상생활에서 지극히 卑近(비근)한 일이다. 또한 '어버이를 사랑하고 어른을 공경하며 스승을 높이고 벗과 친하는 법도'란 인간관계에서 마땅히 지켜야 할 도리로서 인륜의 기본 규범이다. 교육은 바로 이러한 일상생활의 지극히 가깝고 쉬운 일에서부터 인륜의 기준이 되는 규범을 실천하게 함으로써 몸에 베어들게 하는 것이다. 이러한 『소학』의 교육 과정은 『대학』의 학문과 始終(시종)의 관계를 이루면서 '修身齊家治國平天下(수신제가치국평천하/자신을 닦고 가정을 다스리며 나라를 다스리고 천하를 평안하게 하다)의 근본이 된다.'는 修己治人(수기치인)의 학문으로 정밀하게 심화되었다. 유가의 학문 방법론은 일상의 비근한 일에서 출발하지만, 궁극적으로는 천하 국가와 만사 만물에 이르기까지 지극히 합당한 도리를 강구하도록 이끌어 간다. 그렇기 때문에 유자는 독서를 통해 개인으로서의 도덕적 기준을 확립하고 한 시대와 사회가 추구하는 이상과 가치 질서를 제시하는 지성인으로서, 또한 그 시대 이념의 가치 질서를 실천하는 수호자로서 감당해야 할 책무와 역할을 다하는 것을 보람으로 여겼다.

황상이 정약용의 문하에서 공부하면서 둔하고 분별력이 없어 부끄럽다고 토로한 적이 있었다. 그러자 정약용이 황상에게 "공부하는 자들의 세 가지 병통이 있는데 너는 하나도 없구나. 기억력이 뛰어난 자는 공부를 소홀하고, 글 짓는 재주가 좋은 자는 허황한 데로 흐르고, 이해력이 뛰어난 자는 거칠게 되는 폐단이 있다. 공부를 하는 방법은 근면함에 있으며 근면함의 지속은 마음가짐을 확고하게 하는 데 있다."라고 말해 주었다. 학문은 배우려는 자가 지적 허영에 빠져 스스로 태만하거나 안주하여서는 이룰 수 없는 것이기 때문에, 아침 저녁으로 배우고 익히기를 한결같이 하여 게을리하지 않는 마음가짐을 배움의 원칙으로 삼아야 이룰 수 있음을 말한 것이다.

본문에서 율곡 이이가 학문을 정의한 것 역시 학문은 사람의 일상생활에서 추구되고 그 궁극에 가서도 인간의 일상생활로 귀결되어야 한다는 것이다. 이런 까닭에 율곡은 처음 학문하는 사람은 반드시 먼저 뜻을 세워(立志) 학문을 통해 성인의 경지에 나가야 한다고 한 것이다.

오늘날 우리 교육은 '입시'라는 목표를 최우선 과제로 삼아 무한 경쟁을 부추긴 결과, '학문'이 한갓 '점수'로 전락하면서 名利(명리)의 학문이 되고 말았다. 이는 선인들이 실행 없이 서책에서 나오는 말과 글을 끌어다가 지적 허영을 부리는 俗學(속학)의 병폐에 대하여, '口耳之學(구이지학)'이라 지적한 것과 다를 바 없다. 그러므로 선인들이 독서를 통해 修己(수기)함으로써 知行(지행)을 조화롭게 갖춘 '人格(인격)'있는 인간이 되고자 하였던 그 의미를 새겨보아야 할 것이다.

〈참조한 자료 및 더 읽을 거리〉

김봉규, 『조선 선비들의 행복 콘서트』, 행복한 미래, 2014.
김종권 역, 『명가의 가언선행』, 명문당, 1985.
김학주 역, 『충경 . 효경』, 명문당, 1999.
금장태, 『한국의 선비와 선비정신』, 서울대출판부, 2001.
성백효 역, 『격몽요결』, 전통문화연구회, 2001.
성백효 역, 『동몽선습』 , 전통문화연구회, 2001.
임안홍, 『유가의 효도사상』, 에디터, 2002.
정경주, 『한문고전학개설』, 신지서원, 2002.

익힘문제

(1) 다음 한자어의 독음을 쓰시오.

1. 行爲 (　　)	2. 當爲 (　　)	3. 哲學 (　　)
4. 曲學 (　　)	5. 潛在 (　　)	6. 所在 (　　)
7. 寧日 (　　)	8. 休日 (　　)	9. 費用 (　　)
10. 藥用 (　　)	11. 運行 (　　)	12. 行列 (　　)
13. 事態 (　　)	14. 判事 (　　)	15. 瞬間 (　　)
16. 間隙 (　　)	17. 自若 (　　)	18. 若干 (　　)
19. 平準 (　　)	20. 平原 (　　)	21. 蟄居 (　　)
22. 隱居 (　　)	23. 處所 (　　)	24. 措處 (　　)
25. 過恭 (　　)	26. 謙恭 (　　)	27. 執務 (　　)
28. 執行 (　　)	29. 敬虔 (　　)	30. 敬意 (　　)
31. 寄與 (　　)	32. 與圈 (　　)	33. 個人 (　　)
34. 人權 (　　)	35. 忠僕 (　　)	36. 忠節 (　　)
37. 署名 (　　)	38. 名簿 (　　)	39. 購讀 (　　)
40. 朗讀 (　　)	41. 書狀 (　　)	42. 書幅 (　　)
43. 欲求 (　　)	44. 財欲 (　　)	45. 糾明 (　　)
46. 闡明 (　　)	47. 管理 (　　)	48. 整理 (　　)
49. 已成 (　　)	50. 已罷 (　　)	51. 錦衣 (　　)
52. 壽衣 (　　)	53. 服裝 (　　)	54. 着服 (　　)
55. 豪華 (　　)	56. 繁華 (　　)	57. 侈習 (　　)
58. 侈傲 (　　)	59. 禦寒 (　　)	60. 抗禦 (　　)
61. 耐寒 (　　)	62. 寒微 (　　)	63. 試飮 (　　)

64. 飮毒 (　　　) 65. 服食 (　　　) 66. 食鹽 (　　　)
67. 甘酒 (　　　) 68. 甘受 (　　　) 69. 美醜 (　　　)
70. 駐美 (　　　) 71. 救援 (　　　) 72. 救寒 (　　　)
73. 饑飽 (　　　) 74. 饑渴 (　　　) 75. 安住 (　　　)
76. 安堵 (　　　) 77. 泰斗 (　　　) 78. 泰然 (　　　)
79. 問病 (　　　) 80. 病弊 (　　　) 81. 惟獨 (　　　)
82. 思惟 (　　　) 83. 諮問 (　　　) 84. 訊問 (　　　)
85. 功力 (　　　) 86. 功勞 (　　　) 87. 銘心 (　　　)
88. 戀心 (　　　) 89. 醫術 (　　　) 90. 術策 (　　　)
91. 正當 (　　　) 92. 適正 (　　　) 93. 權威 (　　　)
94. 威脅 (　　　) 95. 禮儀 (　　　) 96. 賻儀 (　　　)
97. 鐵則 (　　　) 98. 犯則 (　　　) 99. 連日 (　　　)
100. 日程 (　　　) 101. 勤勉 (　　　) 102. 勉勵 (　　　)
103. 自矜 (　　　) 104. 自初 (　　　) 105. 滿足 (　　　)
106. 足跡 (　　　)

(2) 다음 낱말을 한자로 쓰시오.

1. 위주 (　　　) 2. 과학 (　　　) 3. 부재 (　　　)
4. 일기 (　　　) 5. 임용 (　　　) 6. 순행 (　　　)
7. 호사 (　　　) 8. 공간 (　　　) 9. 만약 (　　　)
10. 평소 (　　　) 11. 거주 (　　　) 12. 처리 (　　　)
13. 공경 (　　　) 14. 고집 (　　　) 15. 경로 (　　　)
16. 여건 (　　　) 17. 인류 (　　　) 18. 충실 (　　　)
19. 명명 (　　　) 20. 구두 (　　　) 21. 서당 (　　　)

22. 과욕 (　　　) 23. 명백 (　　　) 24. 도리 (　　　)
25. 이왕 (　　　) 26. 탈의 (　　　) 27. 복종 (　　　)
28. 영화 (　　　) 29. 사치 (　　　) 30. 방어 (　　　)
31. 한난 (　　　) 32. 음주 (　　　) 33. 양식 (　　　)
34. 감언 (　　　) 35. 감미 (　　　) 36. 구조 (　　　)
37. 기근 (　　　) 38. 불안 (　　　) 39. 태평 (　　　)
40. 발병 (　　　) 41. 유일 (　　　) 42. 조문 (　　　)
43. 공명 (　　　) 44. 결심 (　　　) 45. 화술 (　　　)
46. 부정 (　　　) 47. 시위 (　　　) 48. 의식 (　　　)
49. 세칙 (　　　) 50. 일지 (　　　) 51. 면학 (　　　)
52. 자존 (　　　) 53. 부족 (　　　)

(3) 다음 한자어의 뜻을 쓰시오.

1. 當爲 2. 曲學
3. 潛在 4. 寧日
5. 任用 6. 行列
7. 好事 8. 間隙
9. 自若 10. 平原
11. 蟄居 12. 措處
13. 過恭 14. 執行
15. 敬意 16. 寄與
17. 人權 18. 忠僕
19. 命名 20. 句讀
21. 書狀 22. 財欲

23. 闡明

24. 整理

25. 已罷

26. 壽衣

27. 着服

28. 繁華

29. 修習

30. 防禦

31. 耐寒

32. 試飮

33. 食鹽

34. 甘酒

35. 甘美

36. 救助

37. 饑饉

38. 安堵

39. 泰平

40. 病弊

41. 惟獨

42. 訊問

43. 功力

44. 銘心

45. 術策

46. 適正

47. 威脅

48. 賻儀

49. 細則

50. 日誌

51. 勉學

52. 自矜

53. 足跡

(4) 뜻이 반대되거나 상대되도록 ( )에 알맞은 한자를 쓰시오.

1. 主 ↔ ( )

2. 曲 ↔ ( )

3. 旦 ↔ ( )

4. 藥 ↔ ( )

5. 自 ↔ ( )

6. 非 ↔ ( )

7. 過 ↔ ( )

8. 饑 ↔ ( )

9. 身 ↔ ( )

10. 與 ↔ ( )

11. 實 ↔ ( )

12. 忠 ↔ ( )

13. 白 ↔ (　　)　14. 成 ↔ (　　)

15. 往 ↔ (　　)　16. 榮 ↔ (　　)

17. 寒 ↔ (　　)　18. 甘 ↔ (　　)

19. 美 ↔ (　　)　20. 初 ↔ (　　)

21. 順行 ↔ (　　)行　22. 自矜 ↔ 自(　　)

23. 瞬間 ↔ (　　)劫　24. 朗讀 ↔ (　　)讀

25. 恭敬 ↔ 無(　　)　26. 服從 ↔ (　　)令

27. 奢侈 ↔ (　　)素　28. 飮酒 ↔ (　　)酒

29. 洋食 ↔ (　　)食　30. 防禦 ↔ (　　)擊

〈답〉

1. 客, 僕　2. 直　3. 夕, 暮　4. 毒　5. 他　6. 是　7. 功
8. 飽　9. 心　10. 野　11. 虛　12. 奸　13. 黑　14. 敗
15. 來　16. 辱　17. 暖, 溫　18. 苦　19. 醜　20. 終, 末　21. 逆
22. 虐　23. 永　24. 默　25. 禮　26. 命　27. 儉　28. 禁
29. 韓　30. 攻

(5) 다음 문장에 대해 독음을 적고, 번역을 하시오.

1. 爲學在於日用行事之間若於平居居處恭執事敬與人忠則是名爲學

(독음)

讀書者欲明此理而已

(독음)

(번역)

2. 衣服不可華侈禦寒而已飮食不可甘美救飢而已居處不可安泰

(독음)

不病而已

(독음)

(번역)

3. 惟是學問之功心術之正威儀之則則日勉勉而不可自足也

(독음)

(번역)

03 禮節觀 (예절관)

夫禮者, 所以定親疎, 決嫌疑, 別同異, 明是非也. 人有禮則安, 無禮則危. 故曰, "禮者不可不學也." 夫禮者自卑而尊人. 雖負販者, 必有尊也, 而況富貴乎? 富貴而知好禮, 則不驕不淫. 貧賤而知好禮, 則志不懾. (『禮記』, <曲禮> 上, 第一)

한자어 학습

夫(부) 대저, 남편, 육체 노동에 종사하는 사람

夫君(부군) 남편 군 人夫(인부) 사람 인 農夫(농부) 농사지을 농

禮(례) 예절, 의식

禮法(예법) 법 법 禮俗(예속) 풍속 속 禮佛(예불) 부처 불

者(자) 것

近墨者黑(근묵자흑) 가까이할 근 검은 먹 묵 검을 흑

所(소) 바

所望(소망) 바랄 망 所信(소신) 믿을 신 所謂(소위) 이를 위

以(이) ~로써, 부터

以東(이동) 동녘 동 以南(이남) 남녘 남 以後(이후) 뒤 후

定(정) 정할

定例(정례) 규칙 례 定價(정가) 값 가 定式(정식) 의식 식

親(친) 친할

親交(친교) 사귈 교 親睦(친목) 화목할 목 親分(친분) 정도 분

疎(소) 멀, 성길

疎遠(소원) 멀 원 疎略(소략) 간략할 략 疎忽(소홀) 가볍게여길 홀

決(결) 결정할

決定(결정) 정할 정 決意(결의) 뜻 의 決行(결행) 행할 행

嫌(혐) 의심할, 싫어할

嫌疑(혐의) 의심할 의 嫌惡(혐오) 미워할 오 嫌怒(혐노) 화낼 노

疑(의) 의심할

疑問(의문) 물을 문 疑惑(의혹) 의심할 혹 質疑(질의) 물을 질

別(별) 구별할, 나뉠

識別(식별) 알 식 訣別(결별) 이별할 결 分別(분별) 나눌 분

同(동) 같을

同感(동감) 느낄 감 同居(동거) 살 거 同格(동격) 자격 격

異(이) 다를

異見(이견) 소견 견 異常(이상) 보통 상 異種(이종) 종류 종

明(명) **밝힐, 밝을**

證明(증명) **증거** 증　明暗(명암) **어두울** 암　明朗(명랑) **밝을** 랑

是(시) **옳을, 방침, 이것**

是認(시인) **인정할** 인　國是(국시) **나라** 국　如是(여시) **같을** 여

非(비) **그를, 아닐**

非理(비리) **이치** 리　非行(비행) **행실** 행　非命(비명) **수명** 명

也(야) **어조사**

義之端也(의지단야) **도리** 의 **어조사** 지 **실마리** 단

人(인) **사람**

人格(인격) **품격** 격　人蔘(인삼) **인삼** 삼　人口(인구) **수** 구

有(유) **있을**

有功(유공) **공로** 공　有望(유망) **전망** 망　有福(유복) **복** 복

禮(례) **예, 예물**

禮遇(예우) **대접할** 우　禮物(예물) **물건** 물　禮緞(예단) **비단** 단

則(즉) **~하면**

有道則見(유도즉현) **있을** 유 **이치** 도 **드러낼** 현

安(안) **편안**

安居(안거) **살** 거　安心(안심) **마음** 심　安着(안착) **다다를** 착

無(무) **없을**

無窮(무궁) **다할** 궁　無極(무극) **다할** 극　無難(무난) **어려울** 난

禮(례) **예, 예식**

禮拜(예배) **절할** 배　禮服(예복) **옷** 복　禮式(예식) **의식** 식

則(즉) **~하면, 법칙(칙), 본 받을(칙)**

原則(원칙) **근본** 원　法則(법칙) **법** 법　效則(효칙) **본받을** 효

危(위) **위태로울**

危機(위기) **시기** 기　危篤(위독) **위중할** 독　危險(위험) **험할** 험

故(고) **그러므로, 까닭, 옛**

緣故(연고) **까닭** 연　故國(고국) **나라** 국　故都(고도) **도읍** 도

曰(왈) **말할**

曰兄曰弟(왈형왈제) **형** 형 **아우** 제

禮(례) **예, 의식**

禮學(예학) **학문** 학　禮書(예서) **책** 서　禮器(예기) **그릇** 기

者(자) **사람**

信者(신자) **믿을** 신　聖者(성자) **성스러울** 성　記者(기자) **적을** 기

不(불) **아닐**

不潔(불결) **깨끗할** 결　不過(불과) **지날** 과　不滅(불멸) **멸망할** 멸

可(가) **~할 만한**

可笑(가소) **웃을** 소　可信(가신) **믿을** 신　可畏(가외) **두려울** 외

不(불, 부) **아닐**

不滿(불만) **만족할** 만　不德(부덕) **덕** 덕　不同(부동) **같을** 동

學(학) **배울, 학교**

學期(학기) **기한** 기　學閥(학벌) **문벌** 벌　學規(학규) **법** 규

也(야) **어조사**

獨也靑靑(독야청청) **홀로** 독 **푸를** 청

夫(부) **대저, 지아비, 부역**

夫婦(부부) **아내** 부　夫妻(부처) **아내** 처　夫役(부역) **부릴** 역

禮(례) **예, 예절, 의식**

禮節(예절) **예절** 절　禮葬(예장) **장사지낼** 장　儀禮(의례) **의식** 의

者(자) **접미사**

昔者(석자) **옛** 석　今者(금자) **이제** 금　來者(래자) **장래** 래

自(자) **자기, 스스로**

自己(자기) **몸** 기　自求(자구) **구할** 구　自覺(자각) **깨달을** 각

卑(비) **낮출, 낮을**

卑佞(비녕) **아첨할** 녕　卑賤(비천) **천할** 천　卑俗(비속) **풍속** 속

而(이) **말 이을**

倚門而望(의문이망) **기댈** 의 **문** 문 **바라볼** 망

尊(존) **높일, 높을**

尊重(존중) **높일** 중　尊敬(존경) **공경할** 경　尊貴(존귀) **귀할** 귀

人(인) **사람**

人力(인력) **힘** 력　人名(인명) **이름** 명　人命(인명) **목숨** 명

雖(수) 비록

雖死猶生(수사유생) 죽을 사 같을 유 살 생

負(부) 짐 질, 믿을

負商(부상) 상인 상 負擔(부담) 멜 담 自負(자부) 스스로 자

販(판) 팔

販路(판로) 길 로 販賣(판매) 팔 매 街販(가판) 거리 가

者(자) 사람

結者解之(결자해지) 맺을 결 풀 해 그 지

必(필) 반드시

事必歸正(사필귀정) 일 사 돌아갈 귀 바를 정

有(유) 있을

有益(유익) 이득 익 有情(유정) 정 정 有害(유해) 해로움 해

尊(존) 높을

尊長(존장) 어른 장 尊稱(존칭) 부를 칭 尊銜(존함) 호칭 함

而(이) 말이을

中途而廢(중도이폐) 가운데 중 길 도 폐할 패

況(황) 하물며, 상황

況且(황차) 또 차 近況(근황) 가까울 근 狀況(상황) 모양 상

富(부) 부유할, 부자

富者(부자) 사람 자 富國(부국) 나라 국 甲富(갑부) 첫째천간 갑

貴(귀) 귀할

貴客(귀객) 손님 객 貴賓(귀빈) 손님 빈 貴族(귀족) 무리 족

乎(호) 어조사

不亦說乎(불역열호) 아니 불 또한 역 기쁠 열

富(부) 넉넉할

富强(부강) 강할 강 豊富(풍부) 풍성할 풍 富村(부촌) 마을 촌

貴(귀) 귀할

貴國(귀국) 나라 국 貴宅(귀댁) 집 댁 高貴(고귀) 높을 고

而(이) 말 이을

竭澤而漁(갈택이어) 마를 갈 못 택 고기잡을 어

知(지) 알

知識(지식) 알 식 知覺(지각) 깨달을 각 知音(지음) 소리 음

好(호) 좋을, 좋아할

好感(호감) 느낄 감 好評(호평) 품평 평 嗜好(기호) 즐길 기

禮(례) 예도

周禮(주례)나라이름 주 禮記(예기) 적을 기 家禮(가례) 집 가

則(즉) ~하면, 법칙(칙)

罰則(벌칙) 벌할 벌 變則(변칙) 변할 변 附則(부칙) 붙일 부

不(부) 아닐

不當(부당) 합당할 당 不足(부족) 족할 족 不知(부지) 알 지

驕(교) 교만할

驕恣(교자) 방자할 자　驕暴(교포) 포악할 포　驕兒(교아) 아이 아

不(불, 부) 아닐

不便(불편) 편할 편　不貞(부정) 곧을 정　不淨(부정) 깨끗할 정

淫(음) 음란할

淫行(음행) 행동 행　淫亂(음란) 난잡할 난　淫蕩(음탕) 방탕할 탕

貧(빈) 가난할

貧者(빈자) 사람 자　貧窮(빈궁) 궁할 궁　貧弱(빈약) 약할 약

賤(천) 천할

賤人(천인) 사람 인　賤民(천민) 백성 민　微賤(미천) 천할 미

而(이) 말이을

渴而穿井(갈이천정) 목마를 갈 뚫을 천 우물 정

知(지) 알

知命(지명) 천명 명　知人(지인) 사람 인　知行(지행) 행할 행

好(호) 좋을, 좋아할

好人(호인) 사람 인　好意(호의) 뜻 의　好惡(호오) 미워할 오

禮(례) 예, 예도, 의식

禮法(예법) 예의 법　禮樂(예악) 음악 악　洗禮(세례) 씻을 세

則(즉) ~하면

太剛則折(태강즉절) 너무 태 굳셀 강 꺾일 절

志(지) **마음, 뜻, 절개 있을**

初志(초지) **처음** 초 志向(지향) **향할** 향 志士(지사) **선비** 사

不(불, 부) **아니**

不倫(불륜) **인륜** 륜 不毛(불모) **초목 날** 모 不盡(부진) **다할** 진

懾(섭) **두려워 할**

懾服(섭복) **복종할** 복 懾憚(섭탄) **꺼릴** 탄 懾畏(섭외) **두려울** 외

✤ 허사 용례 및 어구 풀이

夫禮者, 所以定親疎, 決嫌疑, 別同異, 明是非也.; 대저 예라는 것은 친한 것과 먼 것을 결정하고, 미심쩍고 의심스러운 것을 결단하며, 같은 것과 다른 것을 구별하고, 옳은 것과 그른 것을 밝히는 방법이다.

- *夫禮者, 所以定親疎, 決嫌疑, 別同異, 明是非也*; 대저 예라는 것은 친한 것과 먼 것을 결정하고, 미심쩍고 의심스러운 것을 결단하며, 같은 것과 다른 것을 구별하고, 옳은 것과 그른 것을 밝히는 방법이다; '부사어(夫) + 주어(禮者) + 술어('爲' 또는 '是') + 보어(所以定親疎, 決嫌疑, 別同異, 明是非) + 종결형 조사(也)'의 형태인데 '爲' 또는 '是'가 생략됨; '夫'는 '대저/발어사/일반적으로 알려진 사실을 말할 때 쓰임', '禮者'는 '예라는 것은/명사(禮) + 주격 조사(者)의 형태', '所以定親疎, 決嫌疑, 別同異, 明是非'는 '친한 것과 먼 것을 결정하고, 미심쩍고 의심스러운 것을 결단하며, 같은 것과 다른 것을 구별하고, 옳은 것과 그른 것을 밝히는 방법이다/所以 ~ (定親疎, 決嫌疑, 別同異, 明是非)의 형태/ ~ 하는 방법이다', '定親疎, 決嫌疑, 別同異, 明是非'는 '친한 것과 먼 것을 결정하고, 미심쩍고 의심스러운 것을 결단하며, 같은 것과 다른 것을 구별하

고, 옳은 것과 그른 것을 밝힌다/술어(定) + 목적어(親疎), 술어(決) + 목적어(嫌疑), 술어(別) + 목적어(同異), 술어(明) + 목적어(是非)', '定'은 '결정하다/동사', '親'은 '친하다/형용사', '疎'는 '멀다/형용사', '決'은 '결단하다/동사', '嫌'은 '미심쩍다/형용사', '疑'는 '의심스럽다/형용사', '別'은 '나누다/동사', '同'은 '같다/형용사', '異'는 '다르다/형용사', '明'은 '밝히다/동사', '是'는 '옳다/형용사', '非'는 '그르다/형용사', '也'는 '종결형 조사'

人有禮則安, 無禮則危.; 사람들에게 예가 있으면 편안하고, 예가 없으면 위태롭다.

- **人有禮則安**; 사람들에게 예가 있으면 편안하고; ' ~ (人有禮), 則 ~ (安)'의 형태/ ~ 하면, ~ 하다/조건문; '人有禮'는 '사람들에게 예가 있다/주어(人) + 술어(有) + 목적어(禮)의 형태/'禮'는 '有'의 의미상의 주어', '人'은 '사람들/명사', '有'은 '있다/동사', '禮'는 '예/명사', '則'은 ' ~ 하면/'즉'으로 읽음', '安' '편안하다/형용사'
- **無禮則危**; 예가 없으면 위태롭다; ' ~ (無禮), 則 ~ (危)'의 형태/ ~ 하면, ~ 하다/조건문; '無禮'는 '예가 없다/술어(無) + 목적어(禮)의 형태/'禮'는 '無'의 의미상의 주어', '無'는 '없다/동사', '禮'는 '예/명사', '則'은 ' ~ 하면/'즉'으로 읽음', '危'는 '위태롭다/형용사'

故曰, "禮者不可不學也."; 그러므로 "예라는 것은 배우지 않으면 안 된다.' 라고 말한다.

- **故曰**; 그러므로 ~ 라고 말한다; '부사어(故) + 술어(曰)'의 형태; '故'는 '그러므로, 고로/부사', '曰'은 '말하다/동사'
- **禮者不可不學也**; 예라는 것은 배우지 않으면 안 된다; '주어(禮者) + 부정사(不) + 조동사(可) + 부정사(不) + 술어(學) + 종결형 조사(也)'의 형태; '禮者'는

'예라는 것은/명사(禮) + 주격 조사(者)', '禮'는 '예/명사', '者'는 ' ~라는 것/주어를 강조하는 주격 조사', '不可不 ~ (學)'은 ' ~ 하지 않으면 안 된다/이중 부정', '不可'는 ' ~ 해서는 안 된다/허가를 나타내는 조동사의 부정형', '不'은 '아니하다/부정사', '可'는 ' ~ 해도 좋다/허가를 나타내는 조동사', '不'은 '아니하다/부정사', '學'은 '배우다/동사', '也'는 '평서문의 종결형 조사

夫禮者自卑而尊人. 雖負販者, 必有尊也, 而況富貴乎?; 대저 예라는 것은 자기를 낮추고 남을 높이는 것이다. 비록 등짐을 지고 팔러 다니는 사람도 반드시 공경할 점이 있는데, 하물며 부유하고 귀한 자에게 있어서랴?

- **夫禮者自卑而尊人**; 대저 예라는 것은 자기를 낮추고 남을 높이는 것이다; '부사어(夫) + 주어(禮者) + 술어('爲' 또는 '是') + 보어(自卑而尊人)'의 형태인데 '爲' 또는 '是'가 생략됨; '夫'는 '대저/발어사/일반적으로 알려진 사실을 말할 때 쓰임', '禮者'는 '예라는 것은/명사(禮) + 주격 조사(者)의 형태', '自卑而尊人'는 '자기를 낮추고 남을 높이다/목적어(自) + 술어(卑) + 접속어(而) + 술어(尊) + 목적어(人)의 형태인데 '自'와 '卑'가 도치됨', '自'는 '자기/명사', '卑'는 '낮추다/동사', '而'는 ' ~ 하고/순접/접속사', '尊'은 '높이다/동사', '人'은 '남'
- **雖負販者, 必有尊也, 而況富貴乎**; 비록 등짐을 지고 팔러 다니는 사람도 반드시 공경할 점이 있는데, 하물며 부유하고 귀한 자에게 있어서랴; '부사어(雖) + 주어(負販者) + 부사어(必) + 술어(有) + 목적어(尊) + 조사(也) + 접속어(而) + 부사어(況) + 주어(富貴) + 조사(乎)'의 형태; '雖'는 '비록/부사', '負販者'는 '등짐을 지고 팔러 다니는 사람/~ (負販) 者의 형태/ ~ 하는 자/'負販'이 '者'를 수식함', '必'은 '반드시/부사', '有'는 '있다/동사', '尊'은 '공경하다', '也'는 '앞 뒤 문장을 연결하는 조사/번역하지 않음', '而'는 ' ~ 하는데/순접/접속사', '況 ~ (富貴) 乎'는 '하물며 ~ 에게 있어서랴?, 하물며 ~에게 있어서는 말할 나위가 있는가?', '富貴'는 '부유하고 귀한 자/富貴(者)의 형태인데 '者'가 생략됨'

富貴而知好禮, 則不驕不淫. 貧賤而知好禮, 則志不懾.; 부유하고 귀하면서도 예를 좋아할 줄 알면, 교만하지 않고 음란하지 않는다. 가난하고 천하면서도 예를 좋아할 줄 알면, 마음이 두려워하지 않는다.

- 富貴而知好禮, 則不驕不淫; 부유하고 귀하면서도 예를 좋아할 줄 알면, 교만하지 않고 음란하지 않는다; '~(富貴而知好禮), 則~(不驕不淫)'의 형태/~하면, ~하다/조건문; '富貴而知好禮'는 '부유하고 귀하면서도 예를 좋아할 줄 안다/술어(富貴) + 접속어(而) + 술어(知) + 목적어(好禮)의 형태', '富'는 '부유하다/형용사', '貴'는 '귀하다/형용사', '而'는 '~하지만/역접/접속사', '知'는 '알다/동사', '好禮'는 '예를 좋아하다/술어(好) + 목적어(禮)', '好'는 '좋아하다/동사', '禮'는 '예/명사', '則'은 '~하면/'즉'으로 읽음', '不驕不淫'은 '교만하지 않고 음란하지 않는다/부정사(不) + 술어(驕) + 부정사(不) + 술어(淫)', '不'은 '아니하다/부정사', '驕'는 '교만하다/형용사', '淫'은 '음란하다/형용사'
- 貧賤而知好禮, 則志不懾; 가난하고 천하면서도 예를 좋아할 줄 알면, 마음이 두려워하지 않는다; '~(貧賤而知好禮), 則~(志不懾)'의 형태/~하면, ~하다/조건문; '貧賤而知好禮'는 '가난하고 천하면서도 예를 좋아할 줄 안다/술어(貧賤) + 접속어(而) + 술어(知) + 목적어(好禮)의 형태', '貧'은 '가난하다/형용사', '賤'은 '천하다/형용사', '而'는 '~하지만/역접/접속사', '知'는 '알다/동사', '好禮'는 '예를 좋아하다/술어(好) + 목적어(禮)', '好'는 '좋아하다/동사', '禮'는 '예/명사', '則'은 '~하면/'즉'으로 읽음', '志不懾'은 '마음이 두려워하지 않는다/주어(志) + 부정사(不) + 술어(懾)', '志'는 '마음/명사', '不'은 '아니하다/술어', '懾'은 '두려워하다/동사'

✤ 내용 해설

禮(예)는 에티켓etiquette이나 매너manners 이상의 含意(함의)를 지닌 槪念(개념)이다. 예는 자신의 삶을 거룩하게 만드는 修養(수양)의 몸짓이자 남에 대한 配慮(배려)를 구현하는 相互(상호) 互惠的(호혜적)인 몸짓이다. 남을 배려할 줄 아는 사람은 도덕적 感化力(감화력)과 문화적 包容力(포용력)을 지니게 마련이며, 자신의 삶을 훌륭하게 정립할 뿐만 아니라 문화 전체의 수준을 昇華(승화)시킬 수 있다. 예는 일반적인 의례와는 달리 인격 수양을 통한 자기 실현을 지향하는 지도자의 規範(규범)이다. 전통적으로 "刑罰(형벌)은 大夫(대부)에게 올라가지 않고 禮(예)는 庶人(서인)에게 내려가지 않는다."(『禮記(예기)』, <曲禮(곡례)>)라고 했다. 형벌은 법을 어겼을 때 제재를 가하는 强制規範(강제규범)인 반면, 예는 자발적으로 실천하는 道德規範(도덕규범)이다. 따라서 예의 실천은 성숙한 인격의 證據(증거)가 된다.

이렇게 특정 계급의 차별화된 문화적 행위 혹은 취향을 나타내던 예는 역사의 발전에 따라 교육받은 인간이라면 누구나 따라야 할 문화적 행위 규범으로 보편화되었다. 東西古今(동서고금)을 막론하고 이러한 배려의 몸짓에 능통한 사람에게는 예의 바른 사람, 매너 있는 사람 등의 칭송이 뒤따랐다. 그리하여 예의 있는 사람은 거칠고 드센 野蠻人(야만인)의 반대 개념으로서 세련된 文明人(문명인)을 가리키게 되었다. 이미 오래전에 孟子(맹자)는 예의 이상적인 문화적 모델을 따르지 않는 사람들을 인간으로 인정하지 않고 오랑캐 혹은 짐승으로 취급했거니와, 현대에 와서도 이것은 마찬가지이다. 그러므로 예는 인간이 동물의 수준을 넘어서서 인간화되는 세련된 문화적 行爲規範(행위규범)이라고 할 수 있다.

본문의 내용과 더불어 『禮記(예기)』의 <冠義(관의)>에는 "사람이 사람다운 것은 예의가 있기 때문"이라 했다. 여러 사람들이 함께 모여 공동체를 영위하려면, 반드시 상호간에 일정한 관계를 맺고 의사소통하는 질서를 공유해야 한다. 그러자면 여러 사람들이 서로 관계를 맺고 교류하는 일정한 절차와 의식을 갖추지 않을 수가 없다. 그러므로 사람들이 집단을 이루어 생활하는 곳이면 어디든지 집단을 구성하고 유지 전승하기 위한 일정한 의식 절차와 규범이 있다. 이것이 인간의 행위와 절차의 규범으로서 禮(예)이다.

예의 근본 정신은 경건한 태도에 있고, 경건한 태도는 언행의 절제로 나타난다. 그렇기 때문에 공자는 말하기를 "예의 용도는 어울림[和]을 귀하게 여긴다. 그렇지만 어울릴 줄만 알고 예로써 절제하지 않는 것을 행해서는 안 된다."고 했다. 행동의 절제는 예의 절차와 절도로 규정되는데, <曲禮(곡례)>에 있는 본문의 내용이 이것을 준용하는 중요한 원칙이 된다.

인간관계에는 서로 배려하고 돌봐야 하는 責務(책무)가 따른다. 그렇기 때문에 인간관계에는 자연히 緣分(연분)이 가깝고 恩情(은정)이 두터운 親近(친근)한 관계가 있는가 하면, 접촉이 적고 은정이 얕은 疎遠(소원)한 관계가 있기 마련이다. 그래서 내가 우선하여 배려해야 할 인간관계의 序列(서열)을 정해 두는 것은 불가피한 일이다. 이것이 定親疎(정친소)이다.

인간관계에는 우호적인 관계와 적대적인 관계가 있고, 서로 엄격하게 분리해 두어야 할 관계와 언제든 서로 통합하는 것이 바람직한 관계가 있다. 우호적인 관계를 나타내는 행위는 적대적인 관계를 나타내는 행위와 구분될 수 있어야 하고, 분리해 두어야 할 관계에서는 서로 뒤섞여서는 안 되는 일정한 한계를 설정해 두어야 한다. 그래서 예는 이러한 인간관계에 있어서 일어나기 쉬운 嫌疑(혐의)를 없애기 위한 여러 가지 準則(준칙)들이 마련된다. 이것이 決嫌疑(결혐의)이다.

인간관계는 항상 고정되어 있는 것이 아니다. 서로 다른 남자와 여자가 만나서 한 가정을 이루면 다른 가족이 한 가족으로 統合(통합)되고, 같은 집에 살던 兄弟姉妹(형제자매)라도 결혼하여 각기 다른 配匹(배필)을 정하여 分家(분가)하여 구별하게 된다. 이렇듯이 인간관계는 언제나 새로운 관계로 변화할 소지가 있기 때문에 그 같고 다른 것을 구별해 두어야 관계에 따른 責務(책무)와 권리(權利)

를 분간할 수 있게 된다. 이것이 別同異(별동이)이다.

인간이 인간과 어울려 사는 데는 여러 가지 是非(시비)가 생겨날 수 있다. 시비를 구별하는 기준은 사람과 처지에 따라 다를 수도 있지만, 그 대체적인 원칙이 있어야 시비의 분쟁을 방지할 수 있다. 그래서 예의 원칙에 따르는 것을 옳다고 하고, 예의 원칙에 어긋나는 것을 그르다고 한다. 이것이 明是非(명시비)이다.

예는 인간관계의 규범이다. 인간과 인간 사이에 서로 交通(교통)하는 일정한 질서가 있다. 그렇기 때문에 예는 오고 가는 것이라고 했다. 오고 가는 데 일정한 규칙을 정해 두면, 어떻게 말하고 행동하는 것이 합당한지 분명하기 때문에 인간관계가 편안할 수 있다. 예는 정해진 규칙을 따름으로써 안정된 인간관계를 유지하자는 것이다. 그렇기 때문에 예에 따라 행동하면 예를 아는 상호간에 갖은 변명을 다시 늘어놓을 필요가 없다. 節度(절도)가 없이 함부로 사람을 기쁘게 하는 것이 아첨이다. 예는 절도에 따라 말하고 행동함으로써 스스로 편안하고 사람을 편하게 하는 떳떳한 질서일 따름이다. 그러기에 빈천한 사람도 예를 따름으로써 떳떳할 수 있고, 부귀한 사람도 예를 따름으로써 교만하고 지나치다는 혐의에서 벗어날 수 있다.

이와 같이 예는 인간이 그 스스로의 正體(정체)를 드러내고 그 행위를 정당화하며, 사회 공동체 속에서 共存(공존)하는 데 필요한 규범이다. 禽獸(금수)는 본능에 따라 행동하지만, 인간은 인간과 인간 사이의 約束(약속)이라는 인간에 대한 信賴(신뢰)를 바탕으로 상호간에 일정한 언어와 행동의 규칙을 정하고 이에 따라 개인의 언어와 행동을 절제함으로써 상호 공존의 질서를 摸索(모색)하고 공동체를 유지한다.

〈참조한 자료 및 더 읽을 거리〉

김봉규, 『조선 선비들의 행복 콘서트』, 행복한 미래, 2014.

박종천, 『예, 3천년 동양을 지배하다.』, 글항아리, 2011.

정경주, 『한국 고전의례상식』, 신지서원, 2010.

조효순, 『한국 전통 생활문화와 현대 예절』, 일지사, 2005.

한국국학진흥원편, 『한국인의 문화 유전자』, 아모르문디, 2012.

익힘문제

(1) 다음 한자어의 독음을 쓰시오.

1. 夫君 (　　　)
2. 人夫 (　　　)
3. 禮佛 (　　　)
4. 禮俗 (　　　)
5. 所信 (　　　)
6. 所謂 (　　　)
7. 以南 (　　　)
8. 以東 (　　　)
9. 定例 (　　　)
10. 定價 (　　　)
11. 親交 (　　　)
12. 親睦 (　　　)
13. 疎遠 (　　　)
14. 疎略 (　　　)
15. 決定 (　　　)
16. 決意 (　　　)
17. 嫌疑 (　　　)
18. 嫌怒 (　　　)
19. 疑惑 (　　　)
20. 質疑 (　　　)
21. 識別 (　　　)
22. 訣別 (　　　)
23. 同感 (　　　)
24. 同居 (　　　)
25. 異常 (　　　)
26. 異種 (　　　)
27. 證明 (　　　)
28. 明暗 (　　　)
29. 是認 (　　　)
30. 如是 (　　　)
31. 非行 (　　　)
32. 非命 (　　　)
33. 人蔘 (　　　)
34. 人口 (　　　)
35. 有望 (　　　)
36. 有福 (　　　)
37. 禮物 (　　　)
38. 禮緞 (　　　)
39. 安居 (　　　)
40. 安着 (　　　)
41. 無極 (　　　)
42. 無難 (　　　)
43. 禮服 (　　　)
44. 禮式 (　　　)
45. 法則 (　　　)
46. 效則 (　　　)
47. 危機 (　　　)
48. 危篤 (　　　)
49. 緣故 (　　　)
50. 故都 (　　　)
51. 禮書 (　　　)
52. 禮器 (　　　)
53. 聖者 (　　　)
54. 記者 (　　　)
55. 不過 (　　　)
56. 不滅 (　　　)
57. 可信 (　　　)
58. 可畏 (　　　)
59. 不德 (　　　)
60. 不滿 (　　　)
61. 學閥 (　　　)
62. 學規 (　　　)
63. 夫妻 (　　　)

64. 夫役 (　　　) 65. 禮葬 (　　　) 66. 儀禮 (　　　)

67. 今者 (　　　) 68. 來者 (　　　) 69. 自己 (　　　)

70. 自求 (　　　) 71. 卑佞 (　　　) 72. 卑俗 (　　　)

73. 尊重 (　　　) 74. 尊貴 (　　　) 75. 人名 (　　　)

76. 人命 (　　　) 77. 負擔 (　　　) 78. 負商 (　　　)

79. 販賣 (　　　) 80. 街販 (　　　) 81. 有益 (　　　)

82. 有情 (　　　) 83. 尊稱 (　　　) 84. 尊銜 (　　　)

85. 況且 (　　　) 86. 狀況 (　　　) 87. 富者 (　　　)

88. 富國 (　　　) 89. 貴客 (　　　) 90. 貴族 (　　　)

91. 富强 (　　　) 92. 富村 (　　　) 93. 貴國 (　　　)

94. 貴宅 (　　　) 95. 知覺 (　　　) 96. 知音 (　　　)

97. 嗜好 (　　　) 98. 好評 (　　　) 99. 周禮 (　　　)

100. 禮記 (　　　) 101. 變則 (　　　) 102. 附則 (　　　)

103. 不當 (　　　) 104. 不足 (　　　) 105. 驕恣 (　　　)

106. 驕兒 (　　　) 107. 不貞 (　　　) 108. 不淨 (　　　)

109. 淫亂 (　　　) 110. 淫蕩 (　　　) 111. 貧者 (　　　)

112. 貧窮 (　　　) 113. 賤人 (　　　) 114. 微賤 (　　　)

115. 知命 (　　　) 116. 知行 (　　　) 117. 好惡 (　　　)

118. 好人 (　　　) 119. 禮樂 (　　　) 120. 洗禮 (　　　)

121. 初志 (　　　) 122. 志士 (　　　) 123. 不倫 (　　　)

124. 不盡 (　　　) 125. 懾憚 (　　　) 126. 懾畏 (　　　)

127. 近墨者黑 (　　　　　) 128. 義之端也 (　　　　　)

129. 有道則見 (　　　　　) 130. 日兄日弟 (　　　　　)

131. 獨也青青 (　　　　　) 132. 倚門而望 (　　　　　)

133. 雖死猶生 (　　　　　) 134. 結者解之 (　　　　　)

135. 事必歸正 (　　　　　　)　136. 中途而廢 (　　　　　　)
137. 不亦說乎 (　　　　　　)　138. 竭澤而漁 (　　　　　　)
139. 渴而穿井 (　　　　　　)　140. 太剛則折 (　　　　　　)

(2) 다음 낱말을 한자로 쓰시오.

1. 농부 (　　　) 2. 예법 (　　　) 3. 소망 (　　　)
4. 이후 (　　　) 5. 정식 (　　　) 6. 친분 (　　　)
7. 소홀 (　　　) 8. 결행 (　　　) 9. 혐오 (　　　)
10. 의문 (　　　) 11. 분별 (　　　) 12. 동격 (　　　)
13. 이견 (　　　) 14. 명랑 (　　　) 15. 국시 (　　　)
16. 비리 (　　　) 17. 인격 (　　　) 18. 유공 (　　　)
19. 예우 (　　　) 20. 안심 (　　　) 21. 무궁 (　　　)
22. 예배 (　　　) 23. 원칙 (　　　) 24. 위험 (　　　)
25. 고국 (　　　) 26. 예학 (　　　) 27. 신자 (　　　)
28. 불결 (　　　) 29. 가소 (　　　) 30. 부동 (　　　)
31. 학기 (　　　) 32. 부부 (　　　) 33. 예절 (　　　)
34. 석자 (　　　) 35. 자각 (　　　) 36. 비천 (　　　)
37. 존경 (　　　) 38. 인력 (　　　) 39. 자부 (　　　)
40. 판로 (　　　) 41. 유해 (　　　) 42. 존장 (　　　)
43. 근황 (　　　) 44. 갑부 (　　　) 45. 귀빈 (　　　)
46. 풍부 (　　　) 47. 고귀 (　　　) 48. 지식 (　　　)
49. 호감 (　　　) 50. 가례 (　　　) 51. 벌칙 (　　　)
52. 부지 (　　　) 53. 교포 (　　　) 54. 불편 (　　　)
55. 음행 (　　　) 56. 빈약 (　　　) 57. 천민 (　　　)

58. 지인 (　　　)　59. 호의 (　　　)　60. 예법 (　　　)
61. 지향 (　　　)　62. 불모 (　　　)　63. 섭복 (　　　)

(3) 다음 한자어의 뜻을 쓰시오.

1. 人夫　2. 禮佛
3. 近墨者黑　4. 所信
5. 以南　6. 定價
7. 親睦　8. 疎遠
9. 決意　10. 嫌惡
11. 質疑　12. 訣別
13. 同格　14. 異常
15. 明暗　16. 國是
17. 非命　18. 義之端也
19. 人口　20. 有望
21. 禮物　22. 有道則見
23. 安着　24. 無難
25. 禮服　26. 效則
27. 危篤　28. 故都
29. 日兄日弟　30. 禮器
31. 信者　32. 不滅
33. 可畏　34. 不滿
35. 學閥　36. 獨也靑靑
37. 夫妻　38. 禮葬
39. 昔者　40. 自求

41. 卑俗

42. 倚門而望

43. 尊貴

44. 人命

45. 雖死猶生

46. 負擔

47. 街販

48. 結者解之

49. 事必歸正

50. 有情

51. 尊銜

52. 中途而廢

53. 近況

54. 甲富

55. 貴賓

56. 不亦說乎

57. 富村

58. 高貴

59. 竭澤而漁

60. 知音

61. 好評

62. 家禮

63. 附則

64. 不當

65. 驕兒

66. 不淨

67. 淫蕩

68. 貧窮

69. 賤民

70. 渴而穿井

71. 知命

72. 好惡

73. 禮樂

74. 太剛則折

75. 志士

76. 不倫

77. 懾畏

(4) 뜻이 반대되거나 상대되도록 ( )에 알맞은 한자를 쓰시오.

1. 天 ↔ ( )

2. 夫 ↔ ( )

3. 遠 ↔ ( )

4. 難 ↔ ( )

5. 好 ↔ ( )

6. 黑 ↔ ( )

7. 問	↔	(	)	8. 同	↔	(	)
9. 明	↔	(	)	10. 是	↔	(	)
11. 人	↔	(	)	12. 福	↔	(	)
13. 心	↔	(	)	14. 兄	↔	(	)
15. 今	↔	(	)	16. 卑	↔	(	)
17. 貴	↔	(	)	18. 輕	↔	(	)
19. 來	↔	(	)	20. 賣	↔	(	)
21. 長	↔	(	)	22. 初	↔	(	)
23. 質疑	↔	(	)答	24. 無窮	↔	(	)限
25. 原則	↔	(	)則	26. 危機	↔	(	)機
27. 危險	↔	(	)全	28. 不潔	↔	(	)潔
29. 尊貴	↔	(	)賤	30. 有益	↔	(	)益
31. 有害	↔	無(	)	32. 富國	↔	(	)國
33. 豊富	↔	(	)弱	34. 好評	↔	(	)評
35. 不當	↔	(	)當	36. 不足	↔	(	)足
37. 富强	↔	(	)弱	38. 好意	↔	(	)意

〈답〉

1. 地	2. 婦	3. 近	4. 易	5. 惡	6. 白	7. 答
8. 異	9. 暗	10. 非	11. 我	12. 禍	13. 身	14. 弟
15. 古	16. 高	17. 賤	18. 重	19. 去, 往	20. 買	21. 幼
22. 終	23. 應	24. 有	25. 變	26. 好	27. 安	28. 淨
29. 卑	30. 無	31. 害	32. 貧	33. 貧	34. 酷	35. 合
36. 豊	37. 貧	38. 惡				

(5) 다음 문장에 대해 독음을 적고, 번역을 하시오.

1. 夫禮者所以定親疎決嫌疑別同異明是非也

   (독음)

   (번역)

2. 人有禮則安無禮則危故曰禮者不可不學也

   (독음)

   (번역)

3. 夫禮者自卑而尊人雖負販者必有尊也而況富貴乎

   (독음)

   (번역)

4. 富貴而知好禮則不驕不淫貧賤而知好禮則志不懾

   (독음)

   (번역)

04 飮食觀 (음식관)

節飮食, 不多食. 食不厭精, 飮不厭溫, 食不語. 先飢而食, 食不可太飽. 先渴而飮, 飮不可過多. 食欲數而小, 不欲煩而多. 食不可急, 當輕呑緩嚼. 膏粱五味, 不可過食. 勿使肉勝食氣. 食忌生冷堅硬焦燥粘滑之物. 勿食申後飯, 勿飮卯時酒. 酒不可過, 茶不必啜. (盧守愼,『穌齋先生內集』下篇, <庶幾錄丁>)

한자어 학습

節(절) **알맞게할 절, 아껴 쓸, 철**

節制(절제) **알맞게 할** 제　　節電(절전) **전기** 전　　季節(계절) **계절** 계

飮(음) **마실 것, 먹을, 마실**

飮料(음료) **거리** 료　　飮暑(음서) **더위** 서　　過飮(과음) **지나칠** 과

食(식) **먹을 것, 먹을**

肉食(육식) **고기** 육　　食堂(식당) **집** 당　　食頃(식경) **잠깐** 경

不(부, 불) 아닐

不凍(부동) 얼 동　　不朽(불후) 썩을 후　　不辨(불변) 분별할 변

多(다) 많을

多事(다사) 일 사　　多難(다난) 어려울 난　　過多(과다) 지나칠 과

食(식) 먹을, 헛말할

食客(식객) 손님 객　　食器(식기) 그릇 기　　食言(식언) 말씀 언

食(식) 먹을, 밥

朝食(조식) 아침 조　　中食(중식) 가운데 중　　夕食(석식) 저녁 석

不(불) 아닐

不眠(불면) 잘 면　　不忘(불망) 잊을 망　　不睦(불목) 화목할 목

厭(염) 싫어할

厭世(염세) 세상 세　　厭惡(염오) 미워할 오　　厭症(염증) 증세 증

精(정) 정교할, 정기, 정성

精密(정밀) 촘촘할 밀　　精力(정력) 힘 력　　精誠(정성) 정성 성

飮(음) 마실, 먹을, 음식

痛飮(통음) 매우 통　　飮福(음복) 음복할 음　　米飮(미음) 쌀 미

厭(염) 싫어할

厭忌(염기) 꺼릴 기　　厭戰(염전) 전쟁 전　　厭避(염피) 피할 피

溫(온) 따뜻할, 온도

溫室(온실) 집 실　　氣溫(기온) 공기 기　　溫度(온도) 정도 도

食(식) **먹을, 음식**

食指(식지) **손가락** 지 食醋(식초) **식초** 초 斷食(단식) **끊을** 단

語(어) **말할, 말**

語音(어음) **소리** 음 睡語(수어) **잠** 수 述語(술어) **밝힐** 술

先(선) **앞, 먼저**

先頭(선두) **머리** 두 先驅(선구) **대열** 구 先約(선약) **약속할** 약

飢(기) **굶주릴**

飢餓(기아) **주릴** 아 飢寒(기한) **추울** 한 飢民(기민) **백성** 민

可(가) **~할 만한(조동사), 허락할**

可知(가지) **알** 지 可吟(가음) **읊을** 음 肯可(긍가) **들어줄** 긍

太(태) **심히, 클, 처음**

太辛(태신) **매울** 신 太空(태공) **하늘** 공 太初(태초) **처음** 초

飽(포) **배불리, 가득찰**

飽食(포식) **먹을** 식 飽滿(포만) **찰** 만 飽和(포화) **화할** 화

先(선) **앞설, 먼저**

先輩(선배) **무리** 배 先發(선발) **파견할** 발 先後(선후) **나중** 후

渴(갈) **목마를, 절실할, 물마를**

渴症(갈증) **증세** 증 渴求(갈구) **구할** 구 枯渴(고갈) **마를** 고

飮(음) **마실**

飮具(음구) **그릇** 구 飮樂(음락) **즐길** 락 暴飮(폭음) **세찰** 폭

過(과) 지날, 지나칠, 허물

過去(과거) 갈 거　過敏(과민) 빠를 민　過誤(과오) 잘못 오

多(다) 많을

多少(다소) 적을 소　多數(다수) 수효 수　多樣(다양) 모양 양

食(식) 먹을, 음식

食糧(식량) 양식 량　食福(식복) 복 복　食單(식단) 단자 단

欲(욕) ~ 하고자 할, 욕심, 탐낼

食慾(식욕) 먹을 욕　私欲(사욕)사사로울 사　欲望(욕망) 바랄 망

數(수) 두서너

數年(수년) 해 년　數次(수차) 차례 차　數間(수간) 칸 간

小(소) 작을

小兒(소아) 아이 아　小便(소변) 똥오줌 변　小品(소품) 물건 품

欲(욕) ~ 하고자 할(조동사)

欲哭逢打(욕곡봉타) 울 곡 만날 봉 때릴 타

煩(번) 번거로울, 괴로워할

煩忙(번망) 바쁠 망　煩雜(번잡) 섞일 잡　煩惱(번뇌)괴로워할 뇌

多(다) 많을

多福(다복) 복 복　多寡(다과) 적을 과　多忙(다망) 바쁠 망

可(가) 허락할, ~할만한

許可(허가) 허락할 허　可望(가망) 바랄 망　可愛(가애) 사랑할 애

急(급) 급할, 갑자기

急流(급류) 흐를 류　緩急(완급) 느릴 완　急騰(급등) 오를 등

當(당) 당할, 마땅히, 맡을

當番(당번) 차례 번　宜當(의당) 마땅히 의　擔當(담당) 맡을 담

輕(경) 가벼울, 가볍게 여길

輕重(경중) 무거울 중　輕視(경시) 볼 시　輕蔑(경멸)업신여길 멸

呑(탄) 삼킬

甘呑苦吐(감탄고토) 달 감 쓸 고 뱉을 토

緩(완) 천천히, 부드러울

緩行(완행) 갈 행　緩步(완보) 걸을 보　緩慢(완만) 느슨할 만

嚼(작) 씹을

咀嚼(저작) 씹을 저　嚼味(작미) 맛 미　爛嚼(난작)문드러질 난

膏(고) 기름, 고약

膏血(고혈) 피 혈　軟膏(연고) 연할 연　膏藥(고약) 약 고

粱(량) 조

粱飯(양반) 밥 반　粱肉(양육) 고기 육　高粱(고량) 높을 고

五(오) 다섯

五味(오미) 맛 미　五體(오체) 몸 체　五色(오색) 빛 색

味(미) 맛, 기분

味覺(미각) 느낄 각　珍味(진미)맛있는음식 진　興味(흥미) 흥취 흥

過(과) 지나칠, 허물, 지날

過大(과대) 클 대	謝過(사과) 빌 사	過客(과객) 손님 객

食(식) 먹을, 밥(사)

食卓(식탁) 탁자 탁	食費(식비) 비용 비	食氣(사기) 기운 기

勿(물) 말

勿失好機(물실호기) 놓칠 실 좋을 호 기회 기

使(사) 하여금, 부릴, 사신

使役(사역) 부릴 역	勞使(노사) 일할 로	遣使(견사) 보낼 견

肉(육) 고기, 몸

肉片(육편) 조각 편	肉聲(육성) 소리 성	肉眼(육안) 눈 안

勝(승) 이길

勝負(승부) 질 부	勝敗(승패) 패할 패	勝利(승리) 이길 리

氣(기) 기운, 날씨, 마음

氣分(기분) 정도 분	氣候(기후) 날씨 후	氣質(기질) 바탕 질

忌(기) 꺼릴, 기일, 미워할

忌避(기피) 피할 피	忌日(기일) 날 일	猜忌(시기) 샘낼 시

生(생) 날, 살릴, 살

生家(생가) 집 가	放生(방생) 놓을 방	寄生(기생) 붙어살 기

冷(냉) 찰

冷房(냉방) 방 방	冷待(냉대) 대접할 대	冷水(냉수) 물 수

堅(견) **굳을, 굳셀**

堅固(견고) **굳을** 고 堅果(견과) **과실** 과 堅忍(견인) **참을** 인

硬(경) **단단할, 굳셀**

硬堅(경견) **굳을** 견 硬音(경음) **소리** 음 强硬(강경) **굳을** 경

焦(초) **태울, 그을릴**

焦飯(초반) **밥** 반 焦眉(초미) **눈썹** 미 焦土(초토) **흙** 토

燥(조) **마를**

燥渴(조갈) **목마를** 갈 燥葉(조엽) **잎사귀** 엽 焦燥(초조) **태울** 초

粘(점) **끈끈할**

粘土(점토) **흙** 토 粘液(점액) **진액** 액 粘膜(점막) **꺼풀** 막

滑(활) **미끄러울, 익살스러울(골)**

滑走(활주) **달릴** 주 滑降(활강) **내릴** 강 滑稽(골계) **헤아릴** 계

物(물) **물건**

物件(물건) **물건** 건 物品(물품) **물건** 품 物價(물가) **값** 가

勿(물) **말**

來者勿拒(내자물거) **올** 래 **사람** 자 **막을** 거

申(신) **아홉째 지지, 알릴**

申時(신시) **때** 시 申告(신고) **알릴** 고 申請(신청) **청할** 청

後(후) **뒤, 뒤질**

後期(후기) **때** 기 後門(후문) **문** 문 落後(낙후) **떨어질** 락

飯(반) 밥

飯羹(반갱) 국 갱　飯饌(반찬) 반찬 찬　飯酒(반주) 술 주

勿(물) 말

勿輕小事(물경소사) 가벼울 경 작을 소 일 사

飮(음) 마실

飮河滿腹(음하만복) 황하 하 찰 만 배 복

卯(묘) 넷째지지

卯時(묘시) 때 시　卯酒(묘주) 술 주　卯睡(묘수) 잠 수

時(시) 때, 그때

同時(동시) 같을 동　時局(시국) 판국 국　時俗(시속) 풍속 속

酒(주) 술

酒家(주가) 집 가　酒邪(주사) 사악할 사　禁酒(금주) 금할 금

過(과) 허물, 지나칠, 넘칠

過失(과실) 잘못 실　過用(과용) 쓸 용　過度(과도) 정도 도

茶(다) 차

茶菓(다과) 과자 과　茶房(다방) 방 방　茶器(다기) 그릇 기

必(필) 반드시

必要(필요) 요구할 요　期必(기필) 기약할 기　必勝(필승) 이길 승

啜(철) 마실, 훌쩍훌쩍 울

啜汁(철즙) 국물 즙　餔啜(포철) 먹을 포　啜泣(철읍) 울 읍

✤ 허사 용례 및 어구 풀이

節飮食, 不多食.; 음식을 절제하여 많이 먹지 않는다.

- 節飮食, 不多食; 음식을 절제하여, 많이 먹지 않는다; '술어(節) + 목적어(飮食), 부정사(不) + 부사어(多) + 술어(食)'의 형태; '節'은 '절제하다/동사', '飮食'은 '음식/명사', '不'는 '아니하다/부정사', '多'는 '많이/부사', '食'은 '먹다/동사'

食不厭精, 飮不厭溫, 食不語. ; 먹을 때에는 찧은 것을 싫어하지 않고, 마실 때에는 따뜻한 것을 싫어하지 않으며, 먹을 때에는 말하지 않는다.

- 食不厭精; 먹을 때에는 찧은 것을 싫어하지 않고; '부사어(食) + 부정사(不) + 술어(厭) + 목적어(精)'의 형태; '食'은 '먹다/동사', '不'은 ' 아니하다/부정사', '厭'은 '싫어하다/동사, '精'은 '찧은 것/명사'
- 飮不厭溫; 마실 때에는 따뜻한 것을 싫어하지 않는다; '부사어(飮) + 부사어(不) + 술어(厭) + 목적어(溫)'의 형태; '食'은 '먹다/동사', '不'은 '아니하다/부정사', '厭'은 '싫어하다/동사', '溫'은 '따뜻한 것/명사'
- 食不語; 먹을 때에는 말하지 않는다; '부사어(食) + 부정사(不) + 술어(語)'의 형태; '食'은 '먹다/동사', '不'은 '아니하다/부정사', '語'는 '말하다/동사'

先飢而食, 食不可太飽. 先渴而飮, 飮不可過多.; 배고프기 전에 먹되, 지나치게 배불리 먹어서는 안 된다. 목마르기 전에 마시되, 지나치게 많이 마시면 안 된다.

- 先飢而食; 배고프기 전에 먹되; '술어(先) + 목적어(飢) + 접속어(而) + 술어(食)'의 형태; '先飢'는 '배고프기 전, 배고프기에 앞서', '先'은 '앞서다/동사', '飢'는 '배고픔/명사', '而'는 ' ~ 하되/역접/접속사', '食'은 '먹다/동사',

■ **食不可太飽**; 지나치게 배불리 먹어서는 안 된다; '술어(食) + 부정사(不) + 조동사(可) + 부사어(太) + 부사어(飽)'의 형태인데 '不可太飽'와 '食'이 도치됨; '食'은 '먹다/동사', '不可'는 '~하면 안 된다/허가의 부정형', '不'은 '아니하다/부정사', '可'는 '~해도 좋다/허가를 나타내는 조동사', '太'는 '지나치게/부사', '飽'는 '배불리, 배부르게/부사'

■ **先渴而飮**; 목마르기 전에 마시되; '술어(先) + 목적어(渴) + 접속어(而) + 술어(飮)'의 형태; '先渴'은 '목마르기 전, 목마르기에 앞서', '先'은 '앞서다/동사', '渴'은 '목마름/명사', '而'는 '~하되/역접/접속사', '飮'은 '마시다/동사'

■ **飮不可過多**; 지나치게 많이 마시면 안 된다; '술어(飮) + 부정사(不) + 조동사(可) + 부사어(過) + 부사어(多)'의 형태인데 '不可過多'와 '飮'이 도치됨; '飮'은 '마시다/동사', '不可'는 '~하면 안 된다/허가의 부정형', '不'은 '아니하다/부정사', '可'는 '~해도 좋다/허가를 나타내는 조동사', '過'는 '지나치게/부사', '多'는 '많이/부사'

食欲數而小, 不欲煩而多. 食不可急, 當輕呑緩嚼.; 자주 조금씩 먹으려 하고, 번거롭게 많이씩 먹으려 하지 않는다. 급하게 먹어서는 안 되고, 마땅히 가볍게 삼켜서 천천히 씹어야만 한다.

■ **食欲數而小**; 자주 조금씩 먹으려 하고; '술어(食) + 조동사(欲) + 부사어(數) + 접속어(而) + 부사어(小)'의 형태인데 '欲數而小'와 '食'이 도치됨; '食'은 '먹다/동사', '欲'은 '~하려고 하다, ~하고자 하다/조동사', '數'는 '자주/'삭'으로 읽음/부사', '而'는 '~하고/순접/접속사', '小'는 '조금/부사'

■ **不欲煩而多**; 번거롭게 많이씩 먹으려 하지 않는다; '부정사(不) + 조동사(欲) + 부사어(煩) + 접속어(而) + 부사어(多) + 술어(食)의 형태인데 '食'이 생략됨; '不'은 '아니하다/부정사', '欲'은 '~하려고 하다, ~하고자 하다/조동사', '煩'은 '번거롭게/부사', '而'는 '~하고/순접/접속사', '多'는 '많이/부사'

■ **食不可急**; 급하게 먹어서는 안 되고; '술어(食) + 부정사(不) + 조동사(可) + 부

사어(急)'의 형태인데 '不可急'과 '食'이 도치됨; '食'은 '먹다/동사', '不可'는 '~하면 안 된다/허가의 부정형', '不'은 '아니하다/부정사', '可'는 '~해도 좋다/허가를 나타내는 조동사', '急'은 '급히/부사'

- **當輕呑緩嚼**; 가볍게 삼켜서 천천히 씹어야만 한다; '조동사(當) + 부사어(輕) + 술어(呑) + 부사어(緩) + 술어(嚼)'의 형태; '當'은 '마땅히 ~ 해야 한다/조동사', '輕'은 '가볍게/부사', '呑'은 '삼키다/동사', '緩'은 '천천히/부사', '嚼'은 '씹다/동사'

膏粱五味, 不可過食. 勿使肉勝食氣.; 기름진 고기와 좋은 곡식으로 만든 온갖 맛난 음식을 지나치게 먹어서는 안 된다. 고기 기운으로 하여금 밥 기운을 이기게 하지 말라.

- **膏粱五味, 不可過食**; 기름진 고기와 좋은 곡식으로 만든 온갖 맛난 음식을 지나치게 먹어서는 안 된다; '목적어(膏粱五味), 부정사(不) + 조동사(可) + 부사어(過) + 술어(食)'의 형태; '膏粱五味'는 '기름진 고기와 좋은 곡식으로 만든 온갖 맛난 음식/'膏粱'은 '膏粱珍味'의 준말로 기름진 고기와 좋은 곡식으로 만든 맛있는 음식', '五味'는 '신맛·쓴맛·짠맛·매운맛·단맛'의 다섯 가지 맛', '不可'는 '~하면 안 된다/허가의 부정형', '不'은 '아니 하다/부정사', '可'는 '~해도 좋다/허가를 나타내는 조동사', '過'는 '지나치게/부사', '食'은 '먹다/동사'
- **勿使肉勝食氣**; 고기 기운으로 하여금 밥 기운을 이기게 하지 말라; '금지사(勿) + 사역동사(使) + 목적어(肉) + 술어(勝) + 목적어(食氣)'의 형태; '勿'은 '~ 하지 말라/금지사', '使'는 '~로 하여금 ~하게 하다/사역동사', '肉'은 '고기 기운/'肉氣'의 준말/명사', '勝'은 '이기다/동사', '食氣'는 '밥 기운', '食'은 '밥/'사'로 읽음/명사', '氣'는 '기운/명사'

食忌生冷堅硬焦燥粘滑之物.; 먹을 때에 익히지 않고, 차고, 딱딱하고, 단단하고, 타고, 마르고, 끈끈하고, 미끈거리는 것을 피한다

- **食忌生冷堅硬焦燥粘滑之物**; 먹을 때에 익히지 않고, 차고, 딱딱하고, 단단하고, 타고, 마르고, 끈끈하고, 미끈거리는 것을 피한다; '부사어(食) + 술어(忌) + 목적어(生冷堅硬焦燥粘滑之物)'의 형태; '食'은 '먹다/동사', '忌'는 '피하다, 꺼리다/동사', '生'은 '날, 익히지 않다/형용사' '冷'은 '차갑다/형용사', '堅'은 '딱딱하다/형용사', '硬'은 '단단하다/형용사', '焦'은 '타다/형용사', '燥'는 '마르다/형용사', '粘'은 '끈끈하다/형용사', '滑'은 '미끈거리다/형용사', '之'는 '~하는/관형격 조사', '物'은 '물건, 것/명사'

勿食申後飯, 勿飮卯時酒. 酒不可過, 茶不必啜.; 신시(申時) 뒤로는 밥을 먹지 말고, 묘시(卯時)에 술을 마시지 말라. 술은 지나치게 마셔서는 안 되고, 차는 꼭 마시지는 않는다.

- **勿食申後飯**; 신시(申時) 뒤로는 밥을 먹지 말고; '금지사(勿) + 술어(食) + 부사어(申後) + 목적어(飯)'의 형태인데 '申後'와 '勿食'이 도치됨; '勿'은 '~하지 말라/금지사', '食'은 '먹다/동사', '申'은 '申時(오후 3시에서 5시까지)/명사', '後'는 '뒤/명사', '飯'은 '밥/명사'
- **勿飮卯時酒**; 묘시(卯時)에 술을 마시지 말라; '금지사(勿) + 술어(飮) + 부사어(卯時) + 목적어(酒)'의 형태인데 '卯時'와 '勿飮'이 도치됨; '勿'은 '~ 하지 마라/금지사', '飮'은 '마시다/동사', '卯'는 '卯時(오전 5시에서 7시까지)/명사', '酒'는 '술/명사'
- **酒不可過**; 술은 지나치게 마셔서는 안 되고; '주어(酒) + 부정사(不) + 조동사(可) + 부사어(過) + 술어(飮)'의 형태인데 '飮'이 생략됨', '酒'는 '술/명사', '不可'는 '~하면 안 된다/허가의 부정형', '不'은 '아니하다/부정사', '可'는 '~해도 좋다/허가를 나타내는 조동사', '過'는 '지나치게/부사'
- **茶不必啜**; 차는 꼭 마시지는 않는다; '주어(茶) + 부정사(不) + 부사어(必) + 술어(啜)'의 형태; '茶'는 '차/명사', '不'는 '아니하다/부정사', '必'은 '꼭, 반드시/부사', '啜'은 '마시다/동사'

✤ 내용 해설

『論語(논어)』 <鄕黨(향당)>편에 孔子(공자)의 食生活(식생활)에 관해 기술한 것이 있다.

> 밥은 정미된 흰 쌀밥을 좋아하셨으며, 회는 가늘게 썬 것을 좋아하셨다. 밥이 상하여 쉰 것과, 생선이 상하고 고기가 썩은 것을 먹지 않으셨다. 빛깔이 나쁜 것을 먹지 않으셨고, 냄새가 나쁜 것도 먹지 않으셨으며, 잘 익히지 않은 것도 먹지 않으셨고, 제철이 아닌 것도 먹지 않으셨다. 바르게 자르지 않은 것이 아니면 먹지 않으셨고, 간이 맞지 않은 것을 먹지 않으셨다. 고기가 많아도 밥보다 많이 먹지 않으셨으며, 술은 정한 양은 없었으나 어지러운 지경에 이르지 않게 하셨다. 시장에서 사 온 술과 육포는 먹지 않으셨으며, 생강을 먹는 것을 거두지 않으셨으나 많이 잡수시지는 않으셨다. 음식을 먹으면서 말씀하지 않으셨으며, 잠을 자면서 말씀하지 않으셨다. 비록 거친 밥이나 나물국이라도 반드시 고수레를 하되, 공경히 하셨다. 자리가 바르지 않으면 앉지 않으셨으며, 지방 사람들이 함께 술을 마실 적에 지팡이를 짚은 분이 나가면 따라 나가셨다.

衣食住(의식주) 모든 것에서 검소함을 강조하던 조선시대 性理學者(성리학자)들은 ‘성리학적 밥상론’을 내세워 신분에 따라 왕은 12첩 반상, 양반은 7첩 반상, 중인 이하는 5첩이나 3첩 반상과 같이 규제를 두었다고 한다. 그러나 이것은 조선 후기의 이야기이고, 실제로 특별한 날을 제외하고는 왕마저도 7첩 반상을 넘지 않았다고 한다. 이와 같이 조선 시대에는 성리학의 이데올로기가 밥상까지 지배하며, 飮食(음식) 節制(절제)하기를 가르쳤다. 이때 그 근거를 대기 위해 많이 인용되는 것이 『논어』의 <향당> 편이다.

성리학자들은 음식 하나를 먹더라도 맛만 즐겨 구차하게 먹지 않아야 하는 것이 음식을 통한 道(도)의 實踐(실천)이었다. 그래서 아무리 배가 고프더라도 배부르게 먹어서는 안 되고, 급하게 먹어서도 안 되며, 기름지고 맛난 음식만 먹어서도 안 되었다. 바르게 잘리지 않은 것을 먹어서도 안 되고, 제철 음식이 아닌 것을 먹어서도 안 되며, 쫓기듯 급하게 씹어서도 안 되고, 맛이 없는 것처럼 너무 느리게 씹어서도 안 되었다. 더욱이 고기를 좋아한다고 하여 밥보다 고기를 많이 먹어서도 안 되었으니, 절제하면서 中道(중도)를 지킴이 얼마나 어려웠겠는가?

조선시대의 大儒學者(대유학자) 退溪(퇴계) 李滉(이황)은 평소 소식하는 습관 때문이기도 하였지만, 節儉(절검) 정신이 몸에 배어 있어서 朝食(조식)과 夕食(석식)만 먹었으며, 끼니마다 가지 잎, 무나물, 미역 등 반찬이 두서너 가지에 불과하였고, 여름에는 말린 脯(포)만 반찬으로 먹었다고 한다.

여기에다 우리 조상들은 독특한 飮食觀(음식관)을 가지고 있었다. 그것은 '藥食同源(약식동원)', '藥酒同源(약주동원)', '醫食同源(의식동원)'이라는 사고방식이었다. 즉 병을 고치는 치료 행위 역시 먹는 것과 그 뿌리를 같이하기 때문에 병에 걸린 경우 적절히 식사 조절하면서 치료 효과를 올릴 수 있다는 것이다. 그래서 식품과 약은 다른 것이 아니라 같은 것이라 생각하고 술도 하나의 음식으로 간주하여 적절히 먹으면 약이 되고 과하면 병이 되며, 좋은 술은 사람의 몸과 마음에 有益(유익)하다고 믿었다. 조선인들에게 술은 몸이 좋지 않을 때 기운을 북돋우기 위해 먹는 약이요, 약을 먹을 때도 반드시 같이 마셔야 하는 일종의 음식이었다. 술은 五穀(오곡)의 精氣(정기)가 들어 있으므로 적당하게만 마시면 참으로 좋은 약이라고 여겼다. 그래서 집집마다 秘法(비법)을 전수하며 家釀酒(가양주)를 만들어 마셨고, 곡식이 모자라서 굶주리는 백성들이 많아 禁酒令(금주령)이 내려졌을 때에도 老病(노병)에 약으로 마시거나 활쏘기를 할 때, 葬禮(장례)와 祭祀(제사) 때에는 술을 허용하였다.

〈참조한 자료 및 더 읽을 거리〉

김상보, 『조선시대의 음식문화』, 가람기획, 2006.

류정월, 『선비의 아내』, 역사의 아침, 2014.

이효지, 『시의전서-우리 음식 지킴이가 재현한 조선시대 조상의 손맛』, 신광출판사, 2004.

정구선, 『조선 왕들, 금주령을 내리다』, 팬덤북스, 2014.

조선의 민속전통 편찬위원회, 『조선의 민속전통1-식생활 풍습』, 과학백과사전종합출판사, 1994.

주영하, 『장수한 영조의 식생활』, 한국학중앙연구원, 2014.

한국고문서학회, 『의식주, 살아있는 조선의 풍경-조선시대 생활사』 3, 역사비평사, 2006.

익힘문제

(1) 다음 한자어의 독음을 쓰시오.

1. 節電 ( )	2. 季節 ( )	3. 過飮 ( )
4. 飮暑 ( )	5. 食頃 ( )	6. 食堂 ( )
7. 不朽 ( )	8. 不辨 ( )	9. 多難 ( )
10. 過多 ( )	11. 食器 ( )	12. 食言 ( )
13. 朝食 ( )	14. 中食 ( )	15. 不眠 ( )
16. 不睦 ( )	17. 厭惡 ( )	18. 厭症 ( )
19. 精密 ( )	20. 精誠 ( )	21. 痛飮 ( )
22. 飮福 ( )	23. 厭忌 ( )	24. 厭避 ( )
25. 氣溫 ( )	26. 溫室 ( )	27. 食指 ( )
28. 食醋 ( )	29. 語音 ( )	30. 睡語 ( )
31. 先頭 ( )	32. 先驅 ( )	33. 飢寒 ( )
34. 飢民 ( )	35. 可吟 ( )	36. 肯可 ( )
37. 太空 ( )	38. 太辛 ( )	39. 飽滿 ( )
40. 飽和 ( )	41. 先輩 ( )	42. 先發 ( )
43. 渴症 ( )	44. 渴求 ( )	45. 飮具 ( )
46. 飮樂 ( )	47. 過敏 ( )	48. 過誤 ( )
49. 多數 ( )	50. 多樣 ( )	51. 食糧 ( )
52. 食福 ( )	53. 食欲 ( )	54. 欲望 ( )
55. 數年 ( )	56. 數間 ( )	57. 小兒 ( )
58. 小便 ( )	59. 煩忙 ( )	60. 煩雜 ( )
61. 多寡 ( )	62. 多忙 ( )	63. 可望 ( )

64. 可愛 (　　　)
65. 急流 (　　　)
66. 急騰 (　　　)
67. 宜當 (　　　)
68. 擔當 (　　　)
69. 輕重 (　　　)
70. 輕蔑 (　　　)
71. 緩步 (　　　)
72. 緩慢 (　　　)
73. 咀嚼 (　　　)
74. 爛嚼 (　　　)
75. 軟膏 (　　　)
76. 膏粱 (　　　)
77. 粱飯 (　　　)
78. 粱肉 (　　　)
79. 五味 (　　　)
80. 五體 (　　　)
81. 味覺 (　　　)
82. 興味 (　　　)
83. 謝過 (　　　)
84. 過客 (　　　)
85. 食卓 (　　　)
86. 食氣 (　　　)
87. 使役 (　　　)
88. 遣使 (　　　)
89. 肉聲 (　　　)
90. 肉片 (　　　)
91. 勝負 (　　　)
93. 勝敗 (　　　)
92. 氣分 (　　　)
94. 氣質 (　　　)
95. 忌避 (　　　)
96. 猜忌 (　　　)
97. 生家 (　　　)
98. 寄生 (　　　)
99. 冷房 (　　　)
100. 冷待 (　　　)
101. 堅果 (　　　)
102. 堅忍 (　　　)
103. 硬堅 (　　　)
104. 硬音 (　　　)
105. 焦眉 (　　　)
106. 焦飯 (　　　)
107. 燥渴 (　　　)
108. 燥葉 (　　　)
109. 粘液 (　　　)
110. 粘膜 (　　　)
111. 滑走 (　　　)
112. 滑稽 (　　　)
113. 物件 (　　　)
114. 物價 (　　　)
115. 申請 (　　　)
116. 申時 (　　　)
117. 後期 (　　　)
118. 落後 (　　　)
119. 飯饌 (　　　)
120. 飯囊 (　　　)
121. 卯酒 (　　　)
122. 卯睡 (　　　)
123. 時局 (　　　)
124. 時俗 (　　　)
125. 酒邪 (　　　)
126. 酒家 (　　　)
127. 過失 (　　　)
128. 過度 (　　　)
129. 茶菓 (　　　)
130. 茶器 (　　　)
131. 必要 (　　　)
132. 期必 (　　　)
133. 啜泣 (　　　)
134. 餔啜 (　　　)
135. 欲哭逢打(　　　　　　)
136. 甘呑苦吐 (　　　　　　)

137. 勿失好機 (　　　　　　) 138. 來者勿拒 (　　　　　　)

139. 勿輕小事 (　　　　　　) 140. 飮河滿腹 (　　　　　　)

(2) 다음 낱말을 한자로 쓰시오.

1. 절제 (　　)	2. 음료 (　　)	3. 육식 (　　)
4. 부동 (　　)	5. 다사 (　　)	6. 식객 (　　)
7. 석식 (　　)	8. 불망 (　　)	9. 염세 (　　)
10. 정력 (　　)	11. 미음 (　　)	12. 염전 (　　)
13. 온도 (　　)	14. 단식 (　　)	15. 술어 (　　)
16. 선약 (　　)	17. 기아 (　　)	18. 가지 (　　)
19. 태초 (　　)	20. 포식 (　　)	21. 선후 (　　)
22. 고갈 (　　)	23. 폭음 (　　)	24. 과거 (　　)
25. 다소 (　　)	26. 식단 (　　)	27. 사욕 (　　)
28. 수차 (　　)	29. 소품 (　　)	30. 번뇌 (　　)
31. 다복 (　　)	32. 허가 (　　)	33. 완급 (　　)
34. 당번 (　　)	35. 경시 (　　)	36. 완행 (　　)
37. 작미 (　　)	38. 고혈 (　　)	39. 고량 (　　)
40. 오색 (　　)	41. 진미 (　　)	42. 과대 (　　)
43. 식비 (　　)	44. 노사 (　　)	45. 육안 (　　)
46. 승리 (　　)	47. 기후 (　　)	48. 기일 (　　)
49. 방생 (　　)	50. 냉수 (　　)	51. 견고 (　　)
52. 강경 (　　)	53. 초토 (　　)	54. 초조 (　　)
55. 점토 (　　)	56. 활강 (　　)	57. 물품 (　　)
58. 신고 (　　)	59. 후문 (　　)	60. 반주 (　　)

61. 묘시 (   )   62. 동시 (   )   63. 금주 (   )

64. 과용 (   )   65. 다방 (   )   66. 필승 (   )

67. 철즙 (   )

(3) 다음 한자어의 뜻을 쓰시오.

1. 節電
2. 飮暑
3. 食頃
4. 不凍
5. 過多
6. 食言
7. 朝食
8. 不眠
9. 厭惡
10. 精密
11. 飮福
12. 厭忌
13. 溫室
14. 食指
15. 睡語
16. 先約
17. 饑民
18. 可知
19. 太辛
20. 飽滿
21. 先發
22. 渴症
23. 飮樂
24. 過誤
25. 多樣
26. 食福
27. 食欲
28. 數年
29. 小兒
30. 煩雜
31. 多忙
32. 可愛
33. 急騰
34. 當番
35. 輕蔑
36. 緩步
37. 嚼味
38. 軟膏

39. 粱飯

40. 五味

41. 珍味

42. 過客

43. 食費

44. 使役

45. 肉片

46. 勝敗

47. 氣質

48. 忌避

49. 放生

50. 冷待

51. 堅果

52. 硬音

53. 焦飯

54. 燥葉

55. 粘膜

56. 滑走

57. 物價

58. 來者勿拒

59. 欲哭逢打

60. 申時

61. 勿失好機

62. 後門

63. 飯羹

64. 飮河滿腹

65. 勿輕小事

66. 卯時

67. 時俗

68. 酒家

69. 過度

70. 茶器

71. 必要

72. 餔啜

73. 甘呑苦吐

(4) 뜻이 반대되거나 상대되도록 ( )에 알맞은 한자를 쓰시오.

1. 多 ↔ ( )

2. 斷 ↔ ( )

3. 先 ↔ ( )

4. 福 ↔ ( )

5. 忙 ↔ ( )

6. 緩 ↔ ( )

7. 輕 ↔ ( )

8. 吐 ↔ ( )

9. 好 ↔ (　　)
10. 勝 ↔ (　　)
11. 質 ↔ (　　)
12. 降 ↔ (　　)
13. 邪 ↔ (　　)
14. 勞 ↔ (　　)
15. 落 ↔ (　　)
16. 凍 ↔ (　　)
17, 硬 ↔ (　　)
18. 落後 ↔ 發(　　)
19. 冷待 ↔ (　　)待
20. 冷房 ↔ (　　)房
21. 過大 ↔ 過(　　)
22. 肉食 ↔ (　　)食
23. 輕視 ↔ (　　)視
24. 多數 ↔ (　　)數
25. 過去 ↔ (　　)來
26. 飢餓 ↔ (　　)滿
27. 不忘 ↔ (　　)忘
28. 不眠 ↔ (　　)眠
29. 緩行 ↔ (　　)行
30. 冷水 ↔ (　　)水
31. 過客 ↔ (　　)人
32. 堅固 ↔ (　　)弱

〈답〉

1. 少, 寡	2. 續	3. 後	4. 禍	5. 閑	6. 急	7.重
8. 香	9. 惡	10. 負, 敗	11. 文	12. 昇	13. 正	14. 使
15. 登, 騰	16. 解	17. 軟	18. 展	19. 歡	20. 暖	21. 小
22. 草, 菜	23. 重	24. 少	25. 未	26. 飽	27. 健	28. 熟
29. 急	30. 溫	31. 主	32. 虛			

(5) 다음 문장에 대해 독음을 적고, 번역을 하시오.

1. 節飮食不多食食不厭精飮不厭溫食不語先飢而食食不可太飽先渴而

(독음)

飮飮不可過多

(독음)

(번역)

2. 食欲數而小不欲煩而多食不可急當輕呑緩嚼

(독음)

(번역)

3. 膏粱五味不可過食勿使肉勝食氣食忌生冷堅硬焦燥粘滑之物

(독음)

(번역)

4. 勿食申後飯勿飮卯時酒酒不可過茶不必啜

(독음)

(번역)

05 財物觀 (재물관)

先生母家, 蓄積有餘, 咸陽四隣, 皆出債焉. 母歿, 先生謂其弟, 曰, "母氏斂散之際, 怨必及於民." 於是, 斂散文記, 投諸火. 母, 生時, 悶先生不治生產, 別儲綿布粟租於一庫. 至是, 家人指而告. 先生嘆曰, "母在時, 余豈有私財耶? 無重吾罪." 遂分供喪費. (趙孝仝, 『一蠹先生遺集』 卷3, <薦學行疏>)

한자어 학습

先(선) 먼저, 조상

先金(선금) 돈 금　先納(선납) 바칠 납　先祖(선조) 조상 조

生(생) 날, 살, 서생

生母(생모) 어미 모　生活(생활) 살 활　學生(학생) 배울 학

母(모) 어미

母親(모친) 어버이 친　母校(모교) 학교 교　聖母(성모) 성스러울 성

家(가) 집

宗家(종가) 마루 종　姻家(인가) 인척 인　家庭(가정) 집안 정

蓄(축) **모을, 간직할**

貯蓄(저축) **쌓을** 저　含蓄(함축) **머금을** 함　蓄妾(축첩) **첩** 첩

積(적) **쌓일, 넓이**

積雪(적설) **눈** 설　積滯(적체) **막힐** 체　面積(면적) **평면** 면

有(유) **있을**

有給(유급) **급여** 급　有能(유능) **재능** 능　有名(유명) **이름** 명

餘(여) **넉넉할, 남을**

餘裕(여유) **넉넉할** 유　餘力(여력) **힘** 력　餘生(여생) **생애** 생

咸(함) **모두**

咸興差使(함흥차사) **일으킬** 흥 **보낼** 차 **사신** 사

陽(양) **볕, 해**

陽地(양지) **땅** 지　陽傘(양산) **우산** 산　陽曆(양력) **책력** 력

四(사) **사방, 넉**

四通(사통) **통할** 통　四柱(사주) **기둥** 주　四季(사계) **계절** 계

隣(린) **이웃, 이웃할**

隣家(인가) **집** 가　隣接(인접) **잇닿을** 접　隣近(인근) **가까울** 근

皆(개) **다**

皆勤(개근) **근무할** 근　擧皆(거개) **모두** 거　悉皆(실개) **다** 실

出(출) **내어줄, 날, 나갈**

貸出(대출) **빌릴** 대　出生(출생) **날** 생　進出(진출) **나아갈** 진

債(채) 빚

債務(채무) 일 무　債券(채권) 문서 권　負債(부채) 빚질 부

焉(언) 종결형 조사

吾不關焉(오불관언) 나 오 아닐 불 관계할 관

母(모) 어미

母子(모자) 아들 자　母女(모녀) 딸 녀　母國(모국) 나라 국

歿(몰) 죽을

戰歿(전몰) 싸울 전　病歿(병몰) 병 병　歿後(몰후) 뒤 후

先(선) 앞설, 돌아가신 이, 먼저

先進(선진) 나아갈 진　先妣(선비)죽은어미 비　先任(선임) 맡을 임

生(생) 살, 날

生計(생계) 꾀 계　生別(생별) 헤어질 별　生熟(생숙) 익을 숙

謂(위) 이를, 일컬을

是謂九思(시위구사) 이 시 아홉 구 생각할 사

其(기) 그

其間(기간) 사이 간　其次(기차) 버금 차　其亦(기역) 또한 역

弟(제) 아우, 제자

兄弟(형제) 형 형　弟婦(제부) 아내 부　弟子(제자) 접미사 자

曰(왈) 가로되

曰可曰否(왈가왈부) 옳을 가 아닐 부

母(모) 어미

母胎(모태) 태 태 母系(모계) 혈통 계 母乳(모유) 젖 유

氏(씨) 씨, 존칭

氏名(씨명) 이름 명 氏族(씨족) 겨레 족 伯氏(백씨) 맏 백

斂(렴) 거둘

收斂(수렴) 거둘 수 出斂(출렴) 낼 출 苛斂(가렴) 가혹할 가

散(산) 흩을, 한가할

解散(해산) 흩을 해 離散(이산) 헤어질 리 閑散(한산) 한가할 한

際(제) 즈음, 사귈, 사이

交際(교제) 사귈 교 國際(국제) 나라 국 實際(실제) 사실 실

怨(원) 원망할, 원수

怨望(원망) 원망할 망 怨聲(원성) 소리 성 怨讐(원수) 원수 수

必(필) 반드시

必死(필사) 죽을 사 必讀(필독) 읽을 독 必須(필수) 필요할 수

及(급) 미칠, 이를, 급제할

不及(불급) 아닐 불 及門(급문) 문 문 及第(급제) 급제할 제

民(민) 백성, 민가

民謠(민요) 노래 요 田民(전민) 밭갈 전 民泊(민박) 머무를 박

是(시) 이, 옳을, 바로잡을

是日(시일) 날 일 是非(시비) 그릇될 비 是正(시정)바로잡을 정

斂(렴) 거둘

苛斂誅求(가렴주구) 가혹할 가 책할 주 구할 구

散(산) 흩어질, 한가할

散亂(산란) 어지러울 란 散見(산견) 보일 견 散策(산책)지팡이짚을 책

文(문) 글월, 글자

序文(서문) 머리말 서 文班(문반) 줄 반 文盲(문맹) 눈 멀 맹

記(기) 적은 것, 적을, 기억할

傳記(전기) 전기 전 記載(기재) 실을 재 記念(기념) 생각할 념

投(투) 던질

投棄(투기) 버릴 기 投書(투서) 글 서 投錢(투전) 돈 전

諸(저) 어조사, 여러(제)

諸國(제국) 나라 국 諸君(제군) 자네 군 諸位(제위) 분 위

火(화) 불

火爐(화로) 화로 로 火夫(화부) 일군 부 火星(화성) 별 성

母(모) 어미

祖母(조모) 할아비 조 國母(국모) 나라 국 繼母(계모) 이을 계

生(생) 살

再生(재생) 다시 생 還生(환생) 돌아올 환 前生(전생) 앞 전

時(시) 때

卽時(즉시) 곧 즉 時急(시급) 급할 급 時方(시방) 이제 방

悶(민) 번민할, 번민

煩悶(번민) 괴로워할 번 苦悶(고민) 괴로워할 고 解悶(해민) 풀 해

先(선) 먼저, 앞설

率先(솔선) 거느릴 솔 先決(선결) 결정할 결 先賢(선현) 어질 현

生(생) 날, 살

生卒(생졸) 죽을 졸 生沒(생몰) 죽을 몰 生態(생태) 모양 태

治(치) 다스릴

治産(치산) 자산 산 治療(치료) 병고칠 료 治癒(치유) 병나을 유

産(산) 낳을

解産(해산) 풀 해 産卵(산란) 알 란 産兒(산아) 아이 아

別(별) 따로, 다를, 이별

別居(별거) 살 거 別故(별고) 사건 고 作別(작별) 행할 작

儲(저) 쌓을, 태자

儲藏(저장) 감출 장 儲利(저리) 이익 리 儲君(저군) 임금 군

綿(면) 솜

綿服(면복) 옷 복 綿棒(면봉) 막대 봉 純綿(순면) 순수할 순

布(포) 베, 펼, 베풀(보)

布袋(포대) 자루 대 布敎(포교) 가르칠 교 布施(보시) 베풀 시

粟(속) 조

粟米(속미) 쌀 미 粟殼(속각) 껍질 각 粟飯(속반) 밥 반

租(조) 걸곡, 구실, 세 낼

租稅(조세) 구실 세	租賦(조부) 조세 부	租借(조차) 빌릴 차

一(일) 한, 첫째, 모든

一粟(일속) 좁쌀 속	第一(제일) 차례 제	一同(일동) 무리 동

庫(고) 곳집

庫房(고방) 방 방	庫間(고간) 사이 간	倉庫(창고) 곳집 창

至(지) 이를, 지극할

至今(지금) 이제 금	至誠(지성) 정성 성	至尊(지존) 높을 존

家(가) 집, 용한이

家電(가전) 전기 전	家率(가솔) 거느릴 솔	畵家(화가) 그림 화

人(인) 사람

全人(전인) 온전할 전	人傑(인걸) 뛰어날 걸	廢人(폐인) 못쓰게될 폐

指(지) 가리킬, 손가락

指名(지명) 이름 명	指壓(지압) 누를 압	斷指(단지) 끊을 단

告(고) 고할

催告(최고) 재촉할 최	告別(고별) 이별 별	布告(포고) 펼 포

先(선) 먼저, 조상

先占(선점) 차지할 점	于先(우선) 어조사 우	先塋(선영) 무덤 영

生(생) 날, 목숨

誕生(탄생) 날 탄	生得(생득) 얻을 득	生命(생명) 목숨 명

嘆(탄) 탄식할

感嘆(감탄) 느낄 감　嘆息(탄식) 숨 쉴 식　慨嘆(개탄) 분개할 개

母(모) 어미

母訓(모훈) 가르칠 훈　母斑(모반) 얼룩 반　母喪(모상) 초상 상

在(재) 있을

在庫(재고) 곳집 고　遍在(편재) 두루 편　健在(건재) 굳셀 건

時(시) 때, 그때

時針(시침) 바늘 침　時價(시가) 값 가　臨時(임시) 임할 임

余(여) 나, 남을(餘와 같은 자)

余輩(여배) 무리 배　余等(여등) 무리 등　余震(여진) 지진 진

豈(기) 어찌

豈敢毁傷(기감훼상) 감히 감 헐 훼 다칠 상

私(사) 사사로울

私家(사가) 집 가　私費(사비) 비용 비　公私(공사) 공공의 공

財(재) 재물, 재산

財力(재력) 힘 력　財團(재단) 단체 단　財務(재무) 일 무

無(무) 없을

無雙(무쌍) 견줄 쌍　無賃(무임) 품삯 임　無慙(무참) 부끄러울 참

重(중) 무거울, 중요할

重罪(중죄) 허물 죄　重役(중역) 직무 역　重點(중점) 점 점

吾(오) 나

吾舌尙在(오설상재) 혀 설 아직 상 있을 재

罪(죄) 허물

赦罪(사죄) 용서할 사 罪名(죄명) 이름 명 罪責(죄책) 책임 책

遂(수) 마침내, 이룰

完遂(완수) 완전할 완 遂行(수행) 행할 행 未遂(미수) 아닐 미

分(분) 나눌, 몫, 직분

分斷(분단) 끊어질 단 配分(배분) 나눌 배 名分(명분) 이름 명

供(공) 줄

供給(공급) 줄 급 供託(공탁) 맡길 탁 供養(공양) 봉양할 양

喪(상) 초상, 잃을

喪事(상사) 일 사 喪具(상구) 기구 구 喪妻(상처) 아내 처

費(비) 쓸, 비용

消費(소비) 없앨 소 會費(회비) 모임 회 學費(학비) 배울 학

✤ 허사 용례 및 어구 풀이

先生母家, 蓄積有餘, 咸陽四隣, 皆出債焉.; 선생의 어머니의 집은 모아둔 재물이 넉넉하여, 함양 땅의 사방의 이웃들이 모두 그 집에서 빚을 내었다.

- **先生母家, 蓄積有餘**; 선생의 어머니의 집은 모아둔 재물이 넉넉하여; '주어(先生母家) + 주어의 상태를 서술하는 절(蓄積有餘)'의 형태/ ~ 는 ~ 가 ~ 하다; '先生母家'는 '선생의 어머니의 집/명사(先生) + 관형격 조사 (之) + 명사(母家)의 형태인데 '之'가 생략됨', '先生'은 '학문이 뛰어난 사람의 존칭/명사/일두(一蠹) 정여창(鄭汝昌: 1450~1504)을 가리킴', '母家'는 '어머니의 집/명사(母)+ 관형격 조사(之) + 명사(家)의 형태인데 '之'가 생략됨', '蓄積有餘'은 '모아둔 것이 넉넉함이 있다, 모아둔 재물이 넉넉하다/주어(蓄積) + 술어(有) + 목적어(餘)', '蓄積'은 '모아둔 것, 모아둔 재물/명사', '有'는 '있다/동사', '餘'는 '남음, 넉넉함/명사'
- **咸陽四隣, 皆出債焉**; 함양 땅의 사방의 이웃들이 모두 그 집에서 빚을 내었다; '주어(咸陽四隣) + 부사어(皆) + 술어(出) + 목적어(債) + 종결형 조사(焉)'의 형태; '咸陽四隣'은 '함양 땅의 사방의 이웃/명사(咸陽) + 관형격 조사(之) + 명사(四隣)의 형태인데 '之'가 생략됨', '咸陽'은 '함양/지명/명사', '四隣'은 '사방의 이웃/수사(四) + 명사(隣)', '皆'는 '모두/부사', '出'은 '내다/동사', '債'는 '빚/명사', '焉'은 '평서문의 종결형 조사/'於之'의 줄임말로서 '之'는 '선생의 어머니의 집'을 가리킴'

母歿, 先生謂其弟, 曰, "母氏斂散之際, 怨必及於民." 於是, 斂散文記, 投諸火.; 어머니께서 돌아가시자, 선생은 자신의 아우에게 일러 말하기를, "어머니께서 재물을 거두고 빌려주실 때에 원망이 반드시 백성들에게 미쳤을 것이다." 라고 하였다. 이에 재물을 거두고 빌려준 것을 적은 문권을 불속에 던져버렸다.

- **母歿**; 어머니께서 돌아가시자; '주어(母) + 술어(歿)'의 형태; '母'는 '(선생의) 어머니/명사', '歿'은 '죽다/동사/'沒'과 통용'
- **先生謂其弟, 曰**; 선생은 자신의 아우에게 일러 말하기를; '주어(先生) + 술어(謂) + 목적어(其弟) + 술어(曰)'의 형태; '先生'은 정여창을 가리킴, '謂'는 '~에게 이르다/동사', '其弟'는 '자신의 아우/대명사(其) + 관형격 조사(之) + 명사(弟)의 형태인데 '之'가 생략됨', '其'는 '자신/지시대명사/선생을 가리킴', '弟'는 '아우/명사', '曰'은 '말하다/동사'
- **母氏斂散之際, 怨必及於民**; 어머니께서 재물을 거두고 빌려주실 때에 원망이 반드시 백성들에게 미쳤을 것이다; '부사어(母氏斂散之際) + 주어(怨) + 부사어(必) + 술어(及) + 부사어(於民)'의 형태; '母氏斂散之際'는 '어머니께서 재물을 거두고 빌려주실 때에/주어(母氏) + 술어(斂散) + 관형격 조사(之) + 명사(際)의 형태/'母氏斂散'이 '際'를 수식함', '母氏'는 '어머니, 모친/명사', '斂散'은 '재물을 거두고 빌려주다', '斂'은 '거두다/동사', '散'은 '흩다/동사', '之'는 '~하는/관형격 조사', '際'는 '때/명사', '怨'은 '원망/명사', '必'은 '반드시/부사', '及'은 '미치다/동사', '於'는 '~에/처격 조사', '民'은 '(어머니에게 빚을 낸)백성/명사'
- **於是, 斂散文記, 投諸火**; 이에 재물을 거두고 빌려준 것을 적은 문권을 불속에 던져버렸다; '부사어(於是) + 목적어(斂散文記) + 술어(投) + 부사어(諸火)'의 형태, '於'는 '~에/시간 전치사', '是'는 '이/지시대명사', '斂散文記'는 '재물을 거두고 빌려준 것을 적은 문권', '斂散'은 '재물을 거두고 빌려주다', '斂'은 '거두다/동사', '散'은 '흩다/동사', '文記'는 '문권, 증명하는 문서/명사', '投'는 '던지다/동사', '諸'는 '~에/처격 조사/'저'로 읽음', '火'는 '불/명사'

母, 生時, 悶先生不治生產, 別儲綿布粟租於一庫. 至是, 家人指而告.; 어머니께서 살아계실 때에 선생이 생업에 힘쓰지 않는 것을 걱정하여, 따로 창고 한 곳에 무명과 아직 찧지 않은 조를 쌓아 두었다. 이에 이르러 집안 사람이 가리켜 알려주었다.

■ **母, 生時, 悶先生不治生産**; 어머니께서 살아계실 때에 선생이 생업에 힘쓰지 않는 것을 걱정하여; '주어(母) + 부사어(生時) + 술어(悶) + 목적어(先生不治生産)'의 형태; '母'는 '어머니/명사', '生時'는 '살아계실 때에/동사(生) + 명사(時)/ '生'이 '時'를 수식함', '生'은 '살다/동사', '時'는 '때/명사', '悶'은 '걱정하다. 번민하다/동사', '先生不治生産'은 '선생이 생업에 힘쓰지 않다/주어(先生) + 부정사(不) + 술어(治) + 목적어(生産)/명사절로서 '悶'의 목적어', '先生'은 '정여창을 가리킴', '不'은 '아니하다/부정사', '治'는 '다스리다, 힘쓰다/동사', '生産'은 '생업/명사'

■ **別儲綿布粟租於一庫**; 따로 창고 한 곳에 무명과 아직 찧지 않은 조를 쌓아 두었다; '부사어(別) + 술어(儲) + 목적어(綿布粟租) + 부사어(於一庫)'의 형태; '別'은 '따로/부사', '儲'는 '쌓다/동사', '綿布粟租'는 '무명과 아직 찧지 않은 조/명사(綿布) + 접속어(與) + 명사(粟租)의 형태인데 '與'가 생략됨', '綿布'는 '무명', '綿'은 '솜/명사', '布'는 '베/명사', '粟租'는 '아직 찧지 아니한 조', '粟'은 '조/명사', '租'는 '겉곡/명사', '於'는 '~에/처격 조사', '一庫'는 '창고 한 곳/수사(一) + 명사(庫)', '一'은 '한/수사', '庫'는 '창고/명사'

■ **至是家人指而告**; 이에 이르러 집안 사람이 가리켜 알려주었다; '부사어(至是) + 주어(家人) + 술어(指) + 접속어(而) + 술어(告)'의 형태; '至是'는 '이에 이르다/술어(至) + 부사어(於是)의 형태인데 '於'가 생략됨', '至'는 '이르다/동사', '是'는 '이/지시대명사/어머니가 돌아가신 것을 가리킴', '家人'은 '집안 사람', '家'는 '집안/명사', '人'은 '사람/명사', '指'는 '가리키다/동사', '而'은 '~ 해서/순접/접속사', '告'는 '알리다/동사'

先生嘆曰, "母在時, 余豈有私財耶? 無重吾罪." 遂分供喪費.; 선생이 탄식하며 말하기를, "어머니께서 살아계실 때에 내가 어찌 개인 재산이 있었던가? 내 죄를 무겁게 하지 말라."라고 하고는, 마침내 장사 지내는 비용으로 나누어 주었다.

■ **先生嘆曰**; 선생이 탄식하며 말하기를; '주어(先生) + 술어(嘆) + 술어(曰)'의 형태; '先生'은 '정여창을 가리킴/명사', '嘆'은 '탄식하다/동사', '曰'은 '말하다/동사'

■ **母在時, 余豈有私財耶?**; 어머니께서 살아계실 때에 내가 어찌 개인 재산이 있었던가?; '부사어(母在時) + 주어(余) + 부사어(豈) + 술어(有) + 목적어(私財) + 종결형 조사(耶)의 형태'; '母在時'는 '어머니께서 살아계실 때에/절(母在) + 관형격 조사(之) + 명사(時)의 형태인데 '之'가 생략됨/'母在'가 '時'를 수식함', '母在'는 '어머니께서 살아계시다/주어(母) + 술어(在)', '母'는 '어머니/명사', '在'는 '있다/동사', '時'는 '때/명사', '余'는 '나/인칭대명사', '豈'는 '어찌/부사', '有'는 '있다/동사', '私財'는 '개인 재산', '私'는 '사사롭다/형용사', '財'는 '재물/명사', '耶'는 '반어문의 종결형 조사'

■ **無重吾罪**; 내 죄를 무겁게 하지 말라; '금지사(無) + 술어(重) + 목적어(吾罪)'의 형태; '無'는 ' ~ 하지 말라/금지사/'勿'과 통용', '重'은 '무겁게 하다/동사', '吾罪'는 '나의 죄/대명사(吾) + 관형격 조사(之) + 명사(罪)의 형태인데 '之'가 생략됨', '吾'는 '나/인칭대명사', '罪'는 '죄/명사'

■ **遂分供喪費**; 마침내 장사 지내는 비용으로 나누어 주었다; '부사어(遂) + 술어(分供) + 목적어(喪費)'의 형태; '遂'는 '마침내/부사', '分供'은 '나누어 주다', '分'은 '나누다/동사', '供'은 '주다/동사', '喪費'은 '장사 지내는 비용', '喪'은 '초상/명사', '費'는 '비용/명사'

✤ 내용 해설

朝鮮(조선)은 유학적 정치 이념을 받아들였기 때문에 국가가 제도적으로 儉素(검소)함과 淸貧(청빈)한 삶을 장려했다. 유학자들 역시 이러한 삶을 가치 있게 여겼다. 그렇다고 해서 富貴(부귀)를 무조건 배격하지는 않았다. 공자는 正義(정의)가 행해지고 모든 것이 정상적으로 이루어지는 나라에서 부귀하지 못한 것은 수치라고 하였다. 왜냐하면 그런 나라에서는 道德(도덕)과 能力(능력)있는 사람을 등용하기에 벼슬을 하고 부귀하게 되는 것은 名譽(명예)로운 일이고, 반대로 나라가 無道(무도)한 지경에 빠지면 부귀는 수치스러운 것이기 때문이다. 그런 나라에서 그 자신도 무도하지 않으면 부귀를 얻을 수 없는 것이 이치이다. 그래서 공자는 "나라에 정의가 있을 때 貧賤(빈천)하게 사는 것은 수치요, 나라에 정의가 없는데도 부귀하게 사는 것은 수치다.(『論語(논어)』, <泰伯篇(태백편)>)"라고 하였다.

가난하더라도 깨끗하게 사는 생활을 淸貧(청빈)이라고 하지만 이는 爲政者(위정자)나 官僚(관료)를 두고 생긴 말은 아니다. 그래도 관직에 있는 사람들은 넉넉하지는 않더라도 國祿(국록)을 받기 때문에 생활이 궁핍할 정도는 아니었다. 그래서 청빈은 보통 벼슬하지 않아 貧寒(빈한)하지만 깨끗한 선비의 자세로 志操(지조)를 지키며 생활하는 사람을 가리키는 용어로 쓰는데, 부귀와 榮達(영달)을 구하지 않고 道義(도의)를 지키며 즐거운 마음으로 사는 선비들이 여기에 해당한다. 그렇다고 선비가 정치나 관직을 거절하거나 단념하고 사는 존재도 아니다. 뜻을 얻으면 조정에 나아가 벼슬을 하고, 그렇지 못하면 鄕里(향리)에 은거하여 학문에 매진하거나 후학 양성을 하며 살아갔다.

관직에 나아갈 때는 자신의 이상도 높아야 하지만, 당시의 정치 환경도 중요한 역할을 하였다. 즉 자기의 이상을 실현할 수 있는지를 살펴야 했던 것이다. 선비는 貧窮(빈궁)해도 義理(의리)를 잃지 않으며 顯達(현달)해도 正道(정도)를 버리지 않는다. 깨끗하고 정의로운 삶의 자세야말로 선비의 정신이었다. 좋고 나쁜 모든 평판은 결국 스스로의 행동에서 비롯된다. 이 때문에 선비는 不義(불의)한 재물을 탐하지 않으며 처신을 더욱 신중히 하며 살았다.

사람들이 富(부)에 집착하는 것은 대체로 奢侈(사치)한 마음 때문이다. 사치란 생활에 꼭 필요하지 않은 것을 지나치게 화려하게 꾸미고 싶어하는 행태를 말한다. 이것을 유교에서는 내실이 없는 虛張聲勢(허장성세)라고 본다. 선비란 자못 이것을 가장 경계로 삼아야 했다. 그래서 『擊蒙要訣(격몽요결)』에서도 "군자는 도를 근심할 것이요, 가난을 근심해서는 안 된다. 다만 집이 가난하여 살아갈 방법이 없을 경우에는 빈궁에서 벗어날 대책을 생각해야 마땅하다. 그렇지만 그것도 굶주림과 추위를 면할 수 있으면 그만이다. 많이 쌓아두고 풍족하게 살려는 생각을 가져서는 안 되며, 또 세간의 비루한 일을 마음속에 머물게 해서는 안 된다."고 강조하였다.

본문에 나오는 一蠧(일두) 鄭汝昌(정여창)은 젊었을 때부터 독특한 학문과 언행, 덕행 등으로 선비 사회에서 주목을 받은 사람이었다. 李施愛(이시애)의 난으로 아버지 鄭六乙(정육을)이 戰死(전사)하자, 세조는 정육을의 功(공)을 가상히 여겨 정여창에게 아버지의 직책을 제수하였다. 그러나 그는 "아버지가 돌아가신 일로 인해 아들이 영광을 입는 것이 될 일이겠는가? 나라의 은혜가 크더라도 자식의 마음에서는 진실로 차마 못할 일이다."하고는 固辭(고사)하고 받지 않았다. 그 뒤 조정에서 여러 차례 벼슬을 내리지만 매번 사양하고 학문 연구와 후학 교육에 전념하다가 1490년(성종 21) 學行(학행)으로 出仕(출사)하게 된다.

연산군의 세자 시절 스승이기도 하였지만, 곧은 소리를 잘해 미움을 사 외직으로 나오게 되고 훗날에는 연산군의 서슬 퍼런 칼날의 표적이 된다. 그는 일찍 아버지를 여의었기 때문에 경주 최씨인 홀어머니가 집안 살림을 전담하여 이끌어 나갔다. 그의 어머니는 성리학의 이념을 온 몸으로 실천하며 청렴하게 살아가는 아들이 재물을 모으는 데 관심이 없자, 훗날이 염려스러워 살아 생전 아들 몫으로 재물을 남겨두었다. 어머니가 돌아가신 뒤 그 사실을 알게 된 정여창은 과감히 내 것이 아니라고 거절한다. 뿐만 아니라 어머니가 이웃에게 빌려준 재물 帳簿(장부)까지 모두 불태움으로써 의롭지 않은 방법으로 취득한 재물을 취하지 않는 선비다운 의연한 모습을 보여준다.

〈참조한 자료 및 더 읽을 거리〉

동영철, 『기왓집 행복과 헛가리집 행복』, 가람기획, 2010.
류정월, 『선비의 아내』, 역사의 아침, 2014.
안대회, 『선비답게 산다는 것』, 푸른 역사, 2007.
이영훈 외, 『조선의 청백리』, 가람기획, 2003.
이준구, 강호성, 『조선의 선비-살아있는 조선의 청빈을 만나다-』, 스타북스, 2013.
조남욱, 『정여창』, 성균관대학교출판부, 2003.
조성린, 『조선의 청백리222』, 조은출판사, 2012.
최한섭, 최수일, 최재윤, 『조선시대 청백리 열전』, 한올출판사, 2013.

익힘문제

(1) 다음 한자어의 독음을 쓰시오.

1. 先金 (　　　)	2. 先納 (　　　)	3. 生活 (　　　)
4. 生母 (　　　)	5. 母親 (　　　)	6. 聖母 (　　　)
7. 姻家 (　　　)	8. 家庭 (　　　)	9. 蓄妾 (　　　)
10. 貯蓄 (　　　)	11. 積滯 (　　　)	12. 面積 (　　　)
13. 有給 (　　　)	14. 有能 (　　　)	15. 餘力 (　　　)
16. 餘裕 (　　　)	17. 陽地 (　　　)	18. 陽曆 (　　　)
19. 四柱 (　　　)	20. 四通 (　　　)	21. 隣接 (　　　)
22. 隣家 (　　　)	23. 擧皆 (　　　)	24. 悉皆 (　　　)
25. 貸出 (　　　)	26. 出生 (　　　)	27. 債務 (　　　)
28. 債券 (　　　)	29. 母子 (　　　)	30. 母女 (　　　)
31. 病歿 (　　　)	32. 歿後 (　　　)	33. 先妣 (　　　)
34. 先任 (　　　)	35. 生計 (　　　)	36. 生熟 (　　　)
37. 其次 (　　　)	38. 其亦 (　　　)	39. 兄弟 (　　　)
40. 弟婦 (　　　)	41. 母系 (　　　)	42. 母胎 (　　　)
43. 氏名 (　　　)	44. 伯氏 (　　　)	45. 出斂 (　　　)
46. 苛斂 (　　　)	47. 解散 (　　　)	48. 離散 (　　　)
49. 交際 (　　　)	50. 國際 (　　　)	51. 怨讐 (　　　)
52. 怨聲 (　　　)	53. 必死 (　　　)	54. 必需 (　　　)
55. 不及 (　　　)	56. 及門 (　　　)	57. 民謠 (　　　)
58. 田民 (　　　)	59. 是日 (　　　)	60. 是正 (　　　)
61. 散亂 (　　　)	62. 散見 (　　　)	63. 序文 (　　　)

64. 文班 (　　)	65. 傳記 (　　)	66. 記載 (　　)
67. 投棄 (　　)	68. 投錢 (　　)	69. 諸君 (　　)
70. 諸位 (　　)	71. 火爐 (　　)	72. 火星 (　　)
73. 祖母 (　　)	74. 繼母 (　　)	75. 再生 (　　)
76. 還生 (　　)	77. 卽時 (　　)	78. 時急 (　　)
79. 煩悶 (　　)	80. 解悶 (　　)	81. 率先 (　　)
82. 先決 (　　)	83. 生態 (　　)	84. 生卒 (　　)
85. 治産 (　　)	86. 治癒 (　　)	87. 解産 (　　)
88. 産卵 (　　)	89. 別居 (　　)	90. 別故 (　　)
91. 儲藏 (　　)	92. 儲利 (　　)	93. 綿服 (　　)
94. 綿棒 (　　)	95. 布教 (　　)	96. 布袋 (　　)
97. 粟殼 (　　)	98. 粟飯 (　　)	99. 租賦 (　　)
100. 租借 (　　)	101. 一粟 (　　)	102. 第一 (　　)
103. 庫房 (　　)	104. 庫間 (　　)	105. 至誠 (　　)
106. 至尊 (　　)	107. 家電 (　　)	108. 家率 (　　)
109. 廢人 (　　)	110. 人傑 (　　)	111. 指名 (　　)
112. 指壓 (　　)	113. 催告 (　　)	114. 告別 (　　)
115. 于先 (　　)	116. 先塋 (　　)	117. 誕生 (　　)
118. 生得 (　　)	119. 嘆息 (　　)	120. 慨嘆 (　　)
121. 母訓 (　　)	122. 母斑 (　　)	123. 在庫 (　　)
124. 遍在 (　　)	125. 時價 (　　)	126. 時針 (　　)
127. 余輩 (　　)	128. 余等 (　　)	129. 私家 (　　)
130. 私費 (　　)	131. 財團 (　　)	132. 財務 (　　)
133. 無貨 (　　)	134. 無慙 (　　)	135. 重點 (　　)
136. 重役 (　　)	137. 赦罪 (　　)	138. 罪責 (　　)

139. 完遂 (　　　) 140. 遂行 (　　　) 141. 分斷 (　　　)
142. 配分 (　　　) 143. 供給 (　　　) 144. 供託 (　　　)
145. 喪具 (　　　) 146. 喪事 (　　　) 147. 消費 (　　　)
148. 會費 (　　　) 149. 咸興差使 (　　　)
150. 吾不關焉 (　　　) 151. 是謂九思 (　　　)
152. 日可日否 (　　　) 153. 豈敢毁傷 (　　　)
154. 吾舌尙在 (　　　)

(2) 다음 낱말을 한자로 쓰시오.

1. 선조 (　　　) 2. 학생 (　　　) 3. 모교 (　　　)
4. 종가 (　　　) 5. 함축 (　　　) 6. 적설 (　　　)
7. 유명 (　　　) 8. 여생 (　　　) 9. 양산 (　　　)
10. 사계 (　　　) 11. 인근 (　　　) 12. 개근 (　　　)
13. 진출 (　　　) 14. 부채 (　　　) 15. 모국 (　　　)
16. 전몰 (　　　) 17. 선진 (　　　) 18. 생별 (　　　)
19. 기간 (　　　) 20. 제자 (　　　) 21. 모유 (　　　)
22. 씨족 (　　　) 23. 수렴 (　　　) 24. 한산 (　　　)
25. 실제 (　　　) 26. 원망 (　　　) 27. 필독 (　　　)
28. 급제 (　　　) 29. 민박 (　　　) 30. 시비 (　　　)
31. 산책 (　　　) 32. 문맹 (　　　) 33. 기념 (　　　)
34. 투서 (　　　) 35. 제국 (　　　) 36. 화부 (　　　)
37. 국모 (　　　) 38. 전생 (　　　) 39. 시방 (　　　)
40. 고민 (　　　) 41. 선현 (　　　) 42. 생몰 (　　　)
43. 치료 (　　　) 44. 산아 (　　　) 45. 작별 (　　　)

46. 저군 (　　　)	47. 순면 (　　　)	48. 보시 (　　　)
49. 속미 (　　　)	50. 조세 (　　　)	51. 일동 (　　　)
52. 창고 (　　　)	53. 지금 (　　　)	54. 화가 (　　　)
55. 전인 (　　　)	56. 단지 (　　　)	57. 포고 (　　　)
58. 선점 (　　　)	59. 생명 (　　　)	60. 감탄 (　　　)
61. 모상 (　　　)	62. 건재 (　　　)	63. 임시 (　　　)
64. 여진 (　　　)	65. 공사 (　　　)	66. 재력 (　　　)
67. 무쌍 (　　　)	68. 중죄 (　　　)	69. 죄명 (　　　)
70. 미수 (　　　)	71. 명분 (　　　)	72. 공양 (　　　)
73. 상처 (　　　)	74. 학비 (　　　)	

(3) 다음 한자어의 뜻을 쓰시오.

1. 先金	2. 生母
3. 母校	4. 姻家
5. 蓄妾	6. 積雪
7. 有能	8. 餘裕
9. 咸興差使	10. 陽地
11. 四通	12. 隣接
13. 擧皆	14. 貸出
15. 負債	16. 吾不關焉
17. 母國	18. 戰歿
19. 先任	20. 生熟
21. 是謂九思	22. 其次
23. 弟婦	24. 日可日否

25. 母乳
26. 伯氏
29. 交際
30. 怨聲
31. 必需
32. 及門
33. 民泊
34. 是正
35. 苛斂誅求
36. 散見
37. 文盲
38. 記念
39. 投棄
40. 諸國
41. 火夫
42. 祖母
43. 還生
44. 時方
45. 煩悶
46. 率先
47. 生沒
48. 治產
49. 產卵
50. 別居
51. 儲藏
52. 綿服
53. 布施
54. 粟飯
55. 租稅
56. 一同
57. 庫房
58. 至尊
59. 家電
60. 廢人
61. 指壓
62. 告別
63. 先塋
64. 誕生
65. 慨嘆
66. 母喪
67. 遍在
68. 時價
69. 余震
70. 豈敢毁傷
71. 私費
72. 財力
73. 無賃
74. 重罪
75. 吾舌尙在
76. 罪責

77. 完遂　　78. 配分

79. 供給　　80. 喪妻

81. 會費

(4) 뜻이 반대되거나 상대되도록 ( )에 알맞은 한자를 쓰시오.

1. 母 ↔ ( )　　2. 妾 ↔ ( )

3. 生 ↔ ( )　　4. 使 ↔ ( )

5. 陽 ↔ ( )　　6. 近 ↔ ( )

7. 進 ↔ ( )　　8. 負 ↔ ( )

9. 歿 ↔ ( )　　10. 兄 ↔ ( )

11. 婦 ↔ ( )　　12. 解 ↔ ( )

13. 離 ↔ ( )　　14. 怨 ↔ ( )

15. 田 ↔ ( )　　16. 是 ↔ ( )

17. 苦 ↔ ( )　　18. 賢 ↔ ( )

19. 治 ↔ ( )　　20. 尊 ↔ ( )

21. 今 ↔ ( )　　22. 巨 ↔ ( )

23. 得 ↔ ( )　　24. 公 ↔ ( )

25. 序 ↔ ( )　　26. 重 ↔ ( )

27. 臨時 ↔ ( )期　　28. 別居 ↔ ( )居

29. 祖母 ↔ 祖( )　　30. 文班 ↔ ( )班

31. 生別 ↔ ( )別　　32. 先任 ↔ ( )任

33. 先妣 ↔ 先( )　　34. 消費 ↔ 生( )

35. 陽傘 ↔ ( )傘　　36. 陽曆 ↔ ( )曆

37. 有能 ↔ ( )能　　38. 完遂 ↔ ( )遂

39. 分斷 ↔ ( )一　　40. 必須 ↔ ( )擇

〈답〉

1. 父, 子, 女　2. 妻　3. 死, 熟, 卒, 沒(歿)　4. 勞　5. 陰
6. 遠　7. 退　8. 勝　9. 生　10. 弟　11. 姑, 夫　12. 結　13. 集
14. 恩　15. 畓　16. 非　17. 樂　18. 愚　19. 亂　20. 卑　21. 古
22. 細　23. 失　24. 私　25. 結　26. 輕　27. 定　28. 同　29. 父
30. 武　31. 死　32. 後　33. 考　34. 產　35. 雨　36. 陰　37. 無
38. 未　39. 統　40. 選

(5) 다음 문장에 대해 독음을 적고, 번역을 하시오.

1. 先生母家蓄積有餘咸陽四隣皆出債焉

(독음)

(번역)

2. 母歿先生謂其弟曰母氏斂散之際怨必及於民於是斂散文記投諸火

(독음)

(번역)

3. 母生時悶先生不治生產別儲綿布粟租於一庫至是家人指而告

(독음)

(번역)

4. 先生嘆曰母在時余豈有私財耶無重吾罪遂分供喪費

(독음)

(번역)

06 處世觀 (처세관)

馬援, 兄子嚴敦竝喜譏議, 而通輕俠客, 還書誡之, 曰, “龍伯高, 敦厚周愼, 口無擇言, 謙約節儉, 廉公有威. 吾愛之重之, 願汝曹效之. 杜季良, 豪俠好義, 憂人之憂, 樂人之樂, 淸濁無所失, 父喪致客, 數郡畢至. 吾愛之重之, 不願汝曹效也. 效伯高, 不得, 猶爲謹勅之士. 所謂, 刻鵠不成, 尙類鶩者也. 效季良, 不得, 陷爲天下輕薄子. 所謂, 畵虎不成, 反類狗者也.”(范曄, 『後漢書』, <馬援列傳>)

한자어 학습

馬(마) **말, 말 탈**

車馬(거마) **수레** 거　　馬脚(마각) **다리** 각　　馬術(마술) **재주** 술

援(원) **도울**

應援(응원) **응할** 응　　聲援(성원) **소리낼** 성　　援助(원조) **도울** 조

兄(형) **형**

兄嫂(형수) **형수** 수　　伯兄(백형) **맏** 백　　呼兄(호형) **부를** 호

子(자) 아들, 접미사

子婦(자부) 며느리 부　子姪(자질) 조카 질　拍子(박자) 박자 박

嚴(엄) 엄할, 심할

嚴格(엄격) 바를 격　嚴禁(엄금) 금할 금　嚴冬(엄동) 겨울 동

敦(돈) 도타울

敦篤(돈독) 도타울 독　敦厚(돈후) 두터울 후　敦親(돈친) 친척 친

竝(병) 모두, 나란히, 아우를

竝行(병행) 갈 행　竝列(병렬) 늘어설 열　竝設(병설) 세울 설

喜(희) 좋아할, 기뻐할

喜悅(희열) 기쁠 열　歡喜(환희) 기쁠 환　慶喜(경희) 경사스러울 경

譏(기) 헐뜯을, 비웃을

譏讒(기참) 헐뜯을 참　譏評(기평) 평할 평　譏弄(기롱) 희롱할 롱

議(의) 책잡을, 의논할

物議(물의) 일 물　會議(회의) 모일 회　議論(의논) 논할 논

通(통) 내왕할, 통할

交通(교통) 서로 교　通過(통과) 지날 과　流通(유통) 흐를 류

輕(경) 가벼울

輕妄(경망) 제멋대로 망　輕微(경미) 작을 미　輕快(경쾌) 쾌할 쾌

俠(협) 의기로울, 협객

義俠(의협) 의로울 의　俠客(협객) 사람 객　武俠(무협) 무예 무

客(객) **사람, 손님**

劍客(검객) **칼** 검　　顧客(고객) **찾아올** 고　　乘客(승객) **탈** 승

還(환) **돌아갈, 돌려줄**

還鄕(환향) **고향** 향　　還元(환원) **근원** 원　　還給(환급) **줄** 급

書(서) **글, 책**

掛書(괘서) **걸** 괘　　稀書(희서) **드물** 희　　書架(서가) **시렁** 가

誡(계) **경계할, 계율**

警誡(경계) **경계할** 경　　勸誡(권계) **권할** 권　　誡命(계명) **명령** 명

龍(용) **임금, 용, 파충류**

龍袍(용포) **도포** 포　　龍門(용문) **문** 문　　恐龍(공룡) **두려울** 공

伯(백) **맏, 높임말**

道伯(도백) **도** 도　　講伯(강백) **강의할** 강　　畵伯(화백) **그릴** 화

高(고) **높을**

高低(고저) **낮을** 저　　高級(고급) **등급** 급　　高價(고가) **값** 가

厚(후) **두터울**

厚謝(후사) **사례할** 사　　厚秩(후질) **녹** 질　　濃厚(농후) **짙을** 농

周(주) **두루, 둘레**

周旋(주선) **돌** 선　　周邊(주변) **가** 변　　圓周(원주) **원** 원

愼(신) **삼갈**

愼重(신중) **삼갈** 중　　謹愼(근신) **삼갈** 근　　愼日(신일) **날** 일

口(구) **입, 말할**

口號(구호) **부를** 호　緘口(함구) **닫을** 함　口實(구실) **내용** 실

無(무) **없을**

無垢(무구) **때** 구　無罪(무죄) **허물** 죄　無識(무식) **지식** 식

擇(택) **가릴**

揀擇(간택) **가릴** 간　採擇(채택) **뽑을** 채　擇一(택일) **한** 일

言(언) **말**

空言(공언) **빌** 공　緖言(서언) **실마리** 서　擇言(택언) **가릴** 택

謙(겸) **겸손할**

謙辭(겸사) **말** 사　謙讓(겸양) **사양할** 양　謙遜(겸손) **겸손할** 손

約(약) **아낄, 약속할**

節約(절약) **아껴쓸** 절　違約(위약) **어길** 위　請約(청약) **청할** 청

節(절) **아껴 쓸, 철, 마디**

節減(절감) **줄일** 감　時節(시절) **때** 시　骨節(골절) **뼈** 골

儉(검) **검소할**

儉約(검약) **아낄** 약　儉素(검소) **질박할** 소　勤儉(근검) **부지런할** 근

廉(렴) **청렴할, 값쌀**

淸廉(청렴) **탐욕없을** 청　廉價(염가) **값** 가　低廉(저렴) **낮을** 저

公(공) **공평할, 공공의**

公正(공정) **바를** 정　公僕(공복) **종** 복　公園(공원) **동산** 원

威(위) 위엄 있는, 힘

威容(위용) 모습 용　威風(위풍) 모습 풍　威壓(위압) 누를 압

吾(오) 나

吾鼻三尺(오비삼척) 코 비 석 삼 자 척

愛(애) 사랑, 사랑할

溺愛(익애) 빠질 닉　愛玩(애완) 즐길 완　博愛(박애) 넓을 박

重(중) 중하게 여길, 겹칠, 무거울

重複(중복) 겹칠 복　重油(중유) 기름 유　重荷(중하) 짐 하

願(원) 원할, 빌

所願(소원) 바 소　民願(민원) 백성 민　祈願(기원) 빌 기

汝(여) 너

汝知我知(여지아지) 알 지 나 아

曹(조) 무리, 관청

汝曹(여조) 무리 조　六曹(육조) 여섯 륙　法曹(법조) 법 법

效(효) 본받을, 효력, 드러날

效顰(효빈) 찡그릴 빈　無效(무효) 없을 무　效果(효과) 결과 과

杜(두) 성, 닫을, 막을

杜甫(두보) 클 보　杜門(두문) 문 문　杜絕(두절) 끊을 절

季(계) 철

夏季(하계) 여름 하　乾季(건계) 마를 건　季刊(계간) 발행할 간

良(량) **뛰어날, 좋을**

良識(양식) **식견** 식 不良(불량) **아닐** 불 改良(개량) **고칠** 개

豪(호) **호방할, 호화스러울, 성할**

豪蕩(호탕) **넓을** 탕 豪奢(호사) **사치할** 사 豪雨(호우) **비** 우

好(호) **좋아할, 좋을**

好色(호색) **여색** 색 好況(호황) **상황** 황 好轉(호전) **바뀔** 전

義(의) **의리, 의로 맺은 친족관계, 인공적인 것**

信義(신의) **믿을** 신 義兄(의형) **형** 형 義足(의족) **발** 족

憂(우) **근심할, 근심**

憂國(우국) **나라** 국 憂鬱(우울) **답답할** 울 憂愁(우수) **근심** 수

人(인) **남, 사람**

人我(인아) **나** 아 偉人(위인) **뛰어날** 위 狂人(광인) **미칠** 광

樂(락) **즐길, 즐거움, 음악(악)**

娛樂(오락) **즐길** 오 享樂(향락) **누릴** 향 音樂(음악) **음악** 음

淸(청) **탐욕이 없을, 깨끗이 할**

淸吏(청리) **관리** 리 淸野(청야) **들** 야 淸掃(청소) **쓸** 소

濁(탁) **흐릴, 혼탁할**

濁流(탁류) **흐를** 류 濁酒(탁주) **술** 주 濁世(탁세) **세상** 세

所(소) **바**

無所不能(무소불능) **없을** 무 **아닐** 부 **능할** 능

失(실) 잃을, 어긋날

紛失(분실) 어지러울 분　喪失(상실) 잃을 상　失禮(실례) 예절 례

父(부) 아비

父生母育(부생모육) 낳을 생 어미 모 기를 육

喪(상) 초상, 복 입을, 시체

問喪(문상) 물을 문　喪主(상주) 주인 주　喪輿(상여) 가마 려

致(치) 부를, 이를, 경치

誘致(유치) 꾈 유　致命(치명) 목숨 명　景致(경치) 경치 경

數(수) 몇, 수효, 셈, 셈할

點數(점수) 점 점　數値(수치) 값 치　算數(산수) 셈 산

郡(군) 고을

郡廳(군청) 관청 청　郡邑(군읍) 고을 읍　郡縣(군현) 고을 현

畢(필) 다, 마침내, 마칠

畢擧(필거) 들 필　畢竟(필경) 마침내 경　未畢(미필) 아직 미

至(지) 이를, 지극히

遝至(답지) 모일 답　至急(지급) 급할 급　至毒(지독) 독할 독

吾(오) 나

三省吾身(삼성오신) 석 삼 살필 성 몸 신

愛(애) 사랑, 사랑할

愛情(애정) 정 정　愛好(애호) 좋아할 호　愛親(애친) 어버이 친

重(중) **중하게 여길, 겹칠, 무거울**

三重(삼중) **석** 삼　重疊(중첩) **겹칠** 첩　重壓(중압) **누를** 압

願(원) **원할, 소원**

自願(자원) **스스로** 자　願望(원망) **바랄** 망　宿願(숙원) **오래될** 숙

汝(여) **너**

吾心卽汝心(오심즉여심) **나** 오 **마음** 심 **곧** 즉

曹(조) **무리, 관청**

吏曹(이조) **관리** 리　戶曹(호조) **집** 호　刑曹(형조) **형벌** 형

效(효) **본받을, 효력**

有效(유효) **있을** 유　實效(실효) **실제** 실　發效(발효) **일으킬** 발

效(효) **본받을**

上行下效(상행하효) **위** 상 **행할** 행 **아래** 하

伯(백) **맏**

伯仲之勢(백중지세) **둘째** 중 **어조사** 지 **형세** 세

高(고) **높을**

高層(고층) **층** 층　高手(고수) **재주** 수　高跳(고도) **뛸** 도

得(득) **얻을**

獲得(획득) **얻을** 획　得男(득남) **아들** 남　拾得(습득) **주울** 습

猶(유) **여전히**

言猶在耳(언유재이) **말씀** 언 **있을** 재 **귀** 이

爲(위) 될

轉禍爲福(전화위복) 바뀔 전 재앙 화 복 복

謹(근) 삼갈

謹呈(근정) 드릴 정 謹厚(근후) 두터울 후 謹嚴(근엄) 엄할 엄

勅(칙) 삼갈, 칙서

勅書(칙서) 글 서 勅使(칙사) 사신 사 勅命(칙명) 명령 명

士(사) 선비, 무사, 군사

士操(사조) 지조 조 騎士(기사) 말 탈 기 士卒(사졸) 군사 졸

謂(위) 일컬을

天命之謂性(천명지위성) 하늘 천 줄 명 어조사 지 성품 성

刻(각) 새길, 시각, 각박할

深刻(심각) 깊을 심 卽刻(즉각) 곧 즉 刻薄(각박) 야박할 박

鵠(곡) 고니, 정곡

白鵠(백곡) 흰 백 鵠的(곡적) 과녁 적 正鵠(정곡) 과녁 정

成(성) 이룰

成績(성적) 성과 적 達成(달성) 도달할 달 造成(조성) 만들 조

尙(상) 아직, 높일, 높을

尙早(상조) 이를 조 崇尙(숭상) 높일 숭 高尙(고상) 높을 고

類(류) 비슷할, 무리

類似(유사) 비슷할 사 類型(유형) 틀 형 鳥類(조류) 새 조

鶩(목) 집오리

山鷄野鶩(산계야목) 뫼 산 닭 계 들 야

陷(함) 빠질, 함락할, 함정

陷沒(함몰) 빠질 몰 陷落(함락) 떨어질 락 陷穽(함정) 함정 정

天(천) 하늘

衝天(충천) 찌를 충 天賦(천부) 줄 부 天啓(천계) 열 계

下(하) 아래, 내릴, 낮출

下院(하원) 관청 원 下船(하선) 배 선 卑下(비하) 낮출 비

輕(경) 가벼울, 가벼이 함

輕率(경솔) 가벼울 솔 輕擧(경거) 행할 거 減輕(감경) 덜 감

薄(박) 얇을, 가까워질

淺薄(천박) 얇을 천 薄情(박정) 정 정 肉薄(육박) 몸 육

子(자) 사람, 접미사

君子(군자) 군자 군 骨子(골자) 중심 골 帽子(모자) 모자 모

畵(화) 그릴, 그림

畵法(화법) 방법 법 印畵(인화) 찍을 인 畵面(화면) 면 면

虎(호) 호랑이

虎死留名(호사유명) 죽을 사 남길 유 이름 명

反(반) 도리어, 거스를

反擊(반격) 칠 격 反問(반문) 물을 문 反則(반칙) 법칙 칙

狗(구) 개

畜狗(축구) 짐승 축 鬪狗(투구) 싸울 투 海狗(해구) 바다 해

✤ 허사 용례 및 어구 풀이

馬援, 兄子嚴敦竝喜譏議, 而通輕俠客, 還書誡之, 曰,; 마원은 조카인 엄과 돈이 모두 남의 잘못을 책잡기를 좋아하고 경박하게 협객 흉내 내는 자들과 내왕하는 것을 알고, 글을 보내어 그들을 경계하여 말하기를

- **馬援, 兄子嚴敦竝喜譏議, 而通輕俠客**; 마원은 조카인 엄과 돈이 모두 남의 잘못을 책잡기를 좋아하고 또 가볍게 협객 흉내 내는 자들과 내왕하는 것을 알고; '주어(馬援) + 술어(知) + 목적어(兄子嚴敦竝喜譏議, 而通輕俠客)'의 형태인데 '知'가 생략됨; '馬援'은 '마원/사람 이름/명사', '兄子嚴敦竝喜譏議, 而通輕俠客'은 '조카인 엄과 돈이 모두 남의 잘못을 책잡기를 좋아하고 또 가볍게 호걸 흉내 내는 자들과 내왕하다/관형어(兄子) + 주어(嚴敦) + 부사어(竝) + 술어(喜) + 목적어(譏議) + 접속어(而) + 술어(通) + 목적어(輕俠客)/명사절로서 술어 '知'(생략됨)의 목적어', '兄子'는 '형의 아들, 조카/명사(兄) + 관형격 조사(之) + 명사(子)의 형태인데 '之'가 생략됨', '兄'은 '형/명사', '子'는 '아들/명사', '嚴'은 '엄/사람 이름/명사', '敦'은 '돈/사람 이름/명사', '竝'은 '모두/부사', '喜'는 '좋아하다/동사', '譏議'는 '남의 잘못을 책잡다', '譏'는 '책잡다, 헐뜯다/동사', '議'는 '책잡다/동사', '而'는 '~하고/순접/접속사', '通'은 '내왕하다/동사', '輕俠客'은 '가볍게 협객 흉내 내는 자', '輕'은 '가볍게/부사', '俠'은 '협객/명사', '客'은 '사람/명사'
- **還書誡之**, 日; 글을 보내어 그들을 경계하여 말하기를; '술어(還) + 목적어(書) + 술어(誡) + 목적어(之) + 술어(日)'의 형태; '還'은 '보내다/동사', '書'는 '글/명사', '誡'는 '경계하다/동사', '之'는 '그들/지시대명사/엄(嚴)과 돈(敦)을 가리킴', '日'은 '말하다/동사'

龍伯高, 敦厚周愼, 口無擇言, 謙約節儉, 廉公有威.; 용백고는 정이 두텁고 후하며 몸가짐이나 언행을 두루 삼가하여, 입에서 가릴 말이 없고, 겸손하고

겸소하며, 청렴하고 공평하여 위엄이 있다.

- **龍伯高, 敦厚周愼, 口無擇言**; 용백고는 정이 두텁고 후하며 몸가짐이나 언행을 두루 삼가하여, 입에서 가릴 말이 없고; '주어(龍伯高) + 술어(敦厚) + 부사어(周) + 술어(愼) + 주어(口) + 술어(無) + 목적어(擇言)'의 형태; '龍伯高'는 '용백고/사람 이름/명사', '敦厚'는 '정이 두텁고 후하다', '敦'은 '두텁다, 돈독하다/형용사', '厚'는 '후하다/형용사', '周'는 '두루/부사', 愼'은 '몸가짐이나 언행을 삼가다/동사', '口無擇言'은 '입에서 가릴 말이 없다. 입에서 하는 말이 모두 좋아서 한 마디도 가려 낼 것이 없다', '口'는 '입/명사', '無'는 '동사', '擇'은 '가리다/동사', '言'은 '말/명사'
- **謙約節儉, 廉公有威**; 겸손하고 검소하며, 청렴하고 공평하여 위엄이 있다; '술어(謙約節儉) + 술어(廉公) + 술어(有) + 목적어(威)'의 형태; '謙約節儉'은 '겸손하고 검소하다', '謙'은 '겸손하다/형용사', '約'은 '검소하다/형용사', '節'은 '절약하다/동사', '儉'은 '검소하다/형용사', '廉'은 '청렴하다/형용사', '公'은 '공평하다/형용사', '有'는 '있다/동사', '威'는 '위엄/명사'

吾愛之重之, 願汝曹效之.; 내가 그를 애지중지하니, 너희들은 그를 본받기를 바란다.

- **吾愛之重之, 願汝曹效之**; 내가 그를 애지중지하니, 너희들이 그를 본받기를 바란다; '주어(吾) + 술어(愛) + 목적어(之) + 술어(重) + 목적어(之), 술어(願) + 목적어(汝曹效之)'의 형태; '吾'는 '나/인칭대명사/마원을 가리킴', '愛'는 '사랑하다, 아끼다/동사', '之'는 '그/지시대명사/용백고를 가리킴', '重'은 '중요하게 여기다/동사', '之'는 '그/지시대명사/용백고를 가리킴', '願'은 '원하다, 바라다/동사', '汝曹效之'는 '너희들이 그를 본받다/주어(汝曹) + 술어(效) + 목적어(之)의 형태/명사절로 '願'의 목적어', '汝曹'는 '너희들', '汝'는 '너/인칭대명사', '曹'는 '무리/명사', '效'는 '본받다/동사', '之'는 '그/지시대명사/용백고를 가리킴'

杜季良, 豪俠好義, 憂人之憂, 樂人之樂, 淸濁無所失, 父喪致客, 數郡畢至.; 두계량은 호방하고 의협심이 있으며 의리를 좋아하여 남의 근심을 근심하고, 남의 즐거움을 즐거워하여 좋은 사람에게서나 나쁜 사람에게서 인심을 잃은 바가 없다. 아버지의 초상에 조문객들을 불렀는데 몇 고을에서 다 왔다.

- **杜季良, 豪俠好義**; 두계량은 호방하고 의협심이 있으며 의리를 좋아하여; '주어(杜季良) + 술어(豪俠) + 술어(好) + 목적어(義)'의 형태; '杜季良'은 '두계량/사람 이름/명사', '豪俠'은 '호방하고 의협심이 있다', '豪'는 '호방하다/형용사', '俠'은 '의협심이 있다/형용사', '好'는 '좋아하다/동사', '義'는 '의리/명사'
- **憂人之憂, 樂人之樂**; 남의 근심을 근심하며, 남의 즐거움을 즐거워하여; '술어(憂) + 목적어(人之憂), 술어(樂) + 목적어(人之樂)의' 형태; '憂'는 '근심하다/동사', '人之憂'는 '남의 근심/명사(人) + 관형격 조사(之) + 명사(憂)', '人'은 '남, 타인/명사', '之'는 '~의/관형격 조사', '憂'는 '근심/명사', '樂'은 '즐거워하다/동사', '人之樂'은 '남의 즐거움/명사(人) + 관형격 조사(之) + 명사(樂)', '人'은 '남, 타인/명사', '之'는 '~의/관형격 조사', '樂'은 '즐거움/명사'
- **淸濁無所失**; 좋은 사람에게서나 나쁜 사람에게서나 인심을 잃은 바가 없다; '爲 ~ (淸濁) (無)所 ~ (失人心)' 형태의 피동형 문장인데 개사 '爲'와 목적어 '人心'이 생략됨/ ~에 의해 ~ 하게 되다; '淸濁'은 '좋은 사람이나 나쁜 사람', '淸'은 '좋은 사람/명사', '濁'은 '악한 사람/명사', '無'는 '없다/동사', '所 ~ (술어/失)'는 '~ 하는 바/명사', '失'은 '잃다/동사'
- **父喪致客, 數郡畢至**; 아버지의 초상에 조문객들을 불렀는데, 몇 고을에서 다 왔다; '부사어(父喪) + 술어(致) + 목적어(客), 주어(數郡) + 부사어(畢) + 술어(至)'의 형태; '父喪'은 '아버지의 초상에/명사(父) + 관형격 조사(之) + 명사(喪)의 형태인데 '之'가 생략됨', '父'는 '아버지/명사', '喪'은 '초상/명사', '致'는 '부르다/동사', '客'은 '조문객/명사', '數'는 '몇/관형사', '郡'은 '고을/명사', '畢'은 '다/부사', '至'는 '이르다/동사'

吾愛之重之, 不願汝曹效也.; 내가 그를 애지중지하나, 너희들이 그를 본받기를 바라지 않는다.

- 吾愛之重之, 不願汝曹效之; 내가 그를 애지중지하나, 너희들이 그를 본받기를 바라지 않는다; '주어(吾) + 술어(愛) + 목적어(之) + 술어(重) + 목적어(之), 부정사(不) + 술어(願) + 목적어(汝曹效之)'의 형태; '吾'는 '나/인칭대명사/마원을 가리킴', '愛'는 '사랑하다, 아끼다/형용사', '之'는 '그/지시대명사/두계량을 가리킴', '重'은 '중요하게 여기다/동사', '之'는 '그/ 지시대명사/두계량을 가리킴', '不'은 '아니하다/부정사', '願'은 '원하다, 바라다/동사', '汝曹效之'는 '너희들이 그를 본받다/주어(汝曹) + 술어(效) + 목적어(之)의 형태/명사절로 '願'의 목적어', '汝曹'는 '너희들', '汝'는 '너/인칭대명사', '曹'는 '무리/명사', '效'는 '본받다/동사', '之'는 '그/지시대명사/두계량을 가리킴'

效伯高, 不得, 猶為謹勅之士. 所謂, 刻鵠不成, 尚類鶩者也.; 용백고를 본받으면, 이루지 못하더라도 여전히 몸가짐과 언행을 조심하는 선비가 될 것이다. 이른바 고니를 새기다가 완성하지 못하더라도, 여전히 따오기와 비슷하게 되는 것이다.

- 效伯高, 不得, 猶為謹勅; 용백고를 본받으면, 이루지 못하더라도 여전히 몸가짐과 언행을 조심하는 선비가 될 것이다; '술어(效) + 목적어(伯高), 부정사(不) + 술어(得), 부사어(猶) + 술어(爲) + 보어(謹勅之士)'의 형태; '效'는 '본받다/동사', '伯高'는 '용백고/사람 이름/명사', '不得'은 '이루지 못하다/용백고 같은 사람이 되지 못하다', '不'은 '아니하다/부정사', '得'은 '이루다/동사', '猶'는 '여전히/부사', '為'는 '되다/동사', '謹勅之士'는 '몸가짐과 언행을 조심하는 선비/동사(謹勅) + 관형격 조사(之) + 명사(士)', '謹'은 '삼가다/동사', '勅'은 '삼가다/동사', '之'는 '~하는/관형격 조사', '士'는 '선비/명사'
- 所謂, 刻鵠不成, 尚類鶩者也; 이른바 고니를 새기다가 완성하지 못하더라도, 여전히 따오기와 비슷하게 되는 것이다; '所謂 ~ (刻鵠不成, 尚類鶩) 者也'

의 형태/이른바 ~ 하는 것이다/'刻鵠不成, 尙類鶩'이 '者'를 수식함; '所謂'는 '이른바, 세상에서 말하는 바/부사', '所 ~ (술어/謂)'는 ' ~ 하는 바, ~ 하는 것/명사', '謂'는 '이르다, 일컫다/동사', '刻鵠不成, 尙類鶩'는 '고니를 새기면 완성하지 못하더라도, 여전히 따오기와 비슷하다/술어(刻) + 목적어(鵠), 부정사(不) + 술어(成), 부사어(尙) + 술어(類) + 보어(鶩)의 형태', '刻'은 '새기다/동사', '鵠'은 '고니/명사', '不'은 '아니하다/부정사', '成'은 '이루다/동사', '尙'은 '여전히/부사', '類'는 '비슷하다/형용사', '鶩'는 '따오기/명사', '者'는 ' ~ 하는 것/명사', '也'는 '평서문의 종결형 조사'

效季良, 不得, 陷為天下輕薄子. 所謂, 畵虎不成, 反類狗者也.; 두계량을 본받으면, 이루지 못할 경우 천하의 경박한 사람이 되는 쪽으로 빠질 것이다. 이른바 호랑이를 그리다가 완성하지 못하면, 도리어 개와 비슷하게 되는 것이다.

- **效季良, 不得, 陷為天下輕薄子**; 두계량을 본받으면, 이루지 못할 경우 천하의 경박한 사람이 되는 쪽으로 빠질 것이다; '술어(效) + 목적어(伯高), 부정사(不) + 술어(得), 술어(陷) + 부사어(於爲天下輕薄子)의' 형태인데 방향격 조사 '於'가 생략됨; '效'는 '본받다/동사', '季良'은 '두계량/사람 이름/명사', '不得'은 '이루지 못하다/두계량 같은 사람이 되지 못하다', '不'은 '아니하다/부정사', '得'은 '이루다/동사', '陷(於 ~)'는 '(~쪽으로) 빠지다/동사', '為天下輕薄子'는 '천하의 경박한 사람이 되다/술어(為) + 보어(天下輕薄子)의 형태', '爲'는 '되다/동사', '天下輕薄子'는 '천하의 경박한 사람/명사(天下) + 관형격 조사(之) + 명사(輕薄子)의 형태인데 '之'가 생략됨', '天'은 '하늘/명사', '下'는 '아래/명사', '輕薄子'는 '경박한 사람', '輕'은 '경솔하다/형용사', '薄'은 '천박하다/형용사', '子'는 '사람/명사'
- **所謂, 畵虎不成, 反類狗者也**; 이른바 호랑이를 그리다가 완성하지 못하면, 도리어 개와 비슷하게 되는 것이다; '所謂 ~ (畵虎不成, 反類狗) 者也'의 형태/이른바 ~ 하는 것이다/'畵虎不成, 反類狗'가 '者'를 수식함; '所謂'는 '이른바, 세상에서 말하는 바/부사', '所 ~ (술어/謂)'는 ' ~ 하는 바, ~ 하는 것/명사', '謂'

는 '이르다, 일컫다/동사', '畵虎不成, 反類狗'는 '호랑이를 그리다가 완성하지 못하면, 도리어 개와 비슷하다/술어(畵) + 목적어(虎), 부정사(不) + 술어(成), 부사어(反) + 술어(類) +보어(狗)의 형태', '畵'는 '그리다/동사', '虎'는 '호랑이/명사', '不'은 '아니하다/부정사', '成'은 '이루다/동사', '反'은 '도리어/부사', '類'는 '비슷하다/형용사', '狗'는 '개/명사', '者'는 '~하는 것/명사', '也'는 '평서문의 종결형 조사'

✤ 내용 해설

富貴(부귀)와 榮華(영화)는 사람들이 좋아하는 바이지만 마음대로 얻을 수 있는 것이 아니다. 貧賤(빈천)은 사람들이 싫어하는 바이지만 노력을 해도 벗어날 수 없는 경우가 있다. 그렇기 때문에 先人(선인)들은 이 주어진 조건을 얻거나 벗어나기 위해 허욕을 절제하고 이치에 순응하는 삶의 태도를 역설하여 왔다. 특히나 인간관계에 있어 합당하게 처신하는 법은 신중하게 생각하고, 분명하게 분별하여 행하여도 어려운 일이며, 혼자서만 고고하게 처신한다고 하여 되는 일이 아니다. 그러므로 선인들은 이를 경계하기 위하여 지나친 명예욕과 물욕, 엄정한 자기 절제, 나눔과 배려의 정신을 가훈으로 삼아 처신에 힘써 그것을 지키도록 하였다.

治者(치자)나 권세가의 경우에는 그들의 처신이 직접적으로 백성에게 영향을 끼쳤기 때문에 더욱 엄정한 처신이 요구되었다. 그들이 세속적 권력에 휘둘리지 않고 당당하게 맞설 수 있는지, 자신 보다 높은 권력 앞에 비굴하게 고개를 숙이는지에 따라, 그 시대 풍조가 맑기도 하고 혼탁하게 되기도 하기 때문이다. 따라서 선인들은 벼슬에 나갈 기회가 주어지더라도 국가의 권력을 장악하여 운용하는 세력이 정당한지 부당한지의 판단에 따라, 나아가기도 하고 물러나기도(出處之辨) 하면서 자신의 처신이 천리와 옛 사람의 법도에 어긋나지 않는지를 끊임없이 살펴 합당한 도리를 얻으려고 애썼다.

성대중(成大中, 1932~1809)은 처세와 관련하여 "재앙은 입에서 생기고, 근심은 눈에서 생긴다."고 하여 언행을 조심할 것을 경고하였다. 말이 모든 재앙의 시작임은 숱한 역사적인 사건들에서 이미 증명된 바 있다. 칭찬이든지 비방이든지 입에 오르내리는 순간부터 議論(의론)이 일어나고 批評(비평)이 난무하기 때문에 언행을 삼가야 한다는 것이다.

본문의 내용은 馬援(마원)이 조카를 훈계하면서 언행의 삼감을 엄중하게 요구한 글이다. 이 글로 인해 '刻鵠類鶩(각곡유목; 훌륭한 선비를 본받으려다 실패해도 선인(善人)은 될 수 있다는 뜻)', '畵虎類狗(화호유구; 훌륭한 사람의 언행을 섣불리 모방하려다 보면 오히려 경박한 사람이 될 수 있다는 뜻)'와 같은 고사가 생기기도 하였다. 그러나 마원 역시 조카들을 훈계하는 과정에서 용백고와 두계량을 비교하여 그들의 장단점을 비평하였고, 이것이 빌미가 되어 결국 두계량이 파직을 당하는 결과를 낳았다. 훗날 마원이 交趾(교지; 지금의 베트남)에서 돌아오면서 율무를 들여왔는데, 두계량의 친구였던 양송이 그 때의 사건을 빌미로 하여 율무를 진주로 둔갑시켜 마원이 뇌물을 받았다고 고하는 바람에 작위를 박탈당하였다. 마원 역시 자신의 말로 인해 재앙을 받은 것이니, '재앙은 입에서 비롯된다.'는 처신의 경고를 잊은 것이다. 이 일화가 우리에게 시사하는 바가 작지 않다고 하겠다.

주자는 白鹿洞規(백록동규)에서 '처신의 요령'에 대하여 '내가 바라지 않는 것을 남에게 베풀지 말라.'고 하였다. 내가 싫어하는 것은 남도 또한 싫어하는 것인데 이 이치를 거스르게 되면 다른 사람을 해칠 뿐만 아니라, 도리어 자신도 해치게 된다. 따라서 자신의 욕구를 절제하고 처사가 항상 올바름을 잃지 않게 안정시키는 노력이 필요하다. 특히나 말과 행동은 다른 사람에게 전달되어 여러 일을 일으키게 되는 원인이 되므로 신중하지 않을 수 없다. 성인이 일상생활에서 몸과 마음을 가다듬는 것이 곧 수양이라고 한 것도 그 때문이다.

〈참조한 자료 및 더 읽을 거리〉

김종권 역, 『명가의 가언선행』, 명문당, 1985.
류정월, 『선비의 아내』, 역사의 아침, 2014.
사마천 저, 김원중 역주, 『사기열전』, 을유문화사, 2003.
성백효 역주, 『소학집주』, 전통문화연구회, 2000.
정구선, 『조선시대 처사 열전』, 서경문화사, 2005.
정민, 『성대중 처세어록』, 푸르메, 2009.

익힘문제

(1) 다음 한자어의 독음을 쓰시오.

1. 車馬 (　　　)	2. 馬脚 (　　　)	3. 應援 (　　　)
4. 聲援 (　　　)	5. 兄嫂 (　　　)	6. 呼兄 (　　　)
7. 子婦 (　　　)	8. 子姪 (　　　)	9. 嚴格 (　　　)
10. 嚴禁 (　　　)	11. 敦篤 (　　　)	12. 敦親 (　　　)
13. 竝行 (　　　)	14. 竝設 (　　　)	15. 歡喜 (　　　)
16. 慶喜 (　　　)	17. 譏讒 (　　　)	18. 譏弄 (　　　)
19. 物議 (　　　)	20. 議論 (　　　)	21. 通過 (　　　)
22. 流通 (　　　)	23. 輕微 (　　　)	24. 輕快 (　　　)
25. 義俠 (　　　)	26. 俠客 (　　　)	27. 劍客 (　　　)
28. 顧客 (　　　)	29. 還鄕 (　　　)	30. 還元 (　　　)
31. 掛書 (　　　)	32. 稀書 (　　　)	33. 警誡 (　　　)
34. 勸誡 (　　　)	35. 龍袍 (　　　)	36. 恐龍 (　　　)
37. 道伯 (　　　)	38. 講伯 (　　　)	39. 高低 (　　　)
40. 高級 (　　　)	41. 厚秩 (　　　)	42. 濃厚 (　　　)
43. 周邊 (　　　)	44. 圓周 (　　　)	45. 謹愼 (　　　)
46. 愼日 (　　　)	47. 口號 (　　　)	48. 緘口 (　　　)
49. 無垢 (　　　)	50. 無識 (　　　)	51. 揀擇 (　　　)
52. 採擇 (　　　)	53. 緖言 (　　　)	54. 擇言 (　　　)
55. 謙辭 (　　　)	56. 謙讓 (　　　)	57. 節約 (　　　)
58. 違約 (　　　)	59. 節減 (　　　)	60. 骨節 (　　　)
61. 儉素 (　　　)	62. 勤儉 (　　　)	63. 淸廉 (　　　)

64. 廉價 (　　　) 65. 公僕 (　　　) 66. 公園 (　　　)

67. 威容 (　　　) 68. 威壓 (　　　) 69. 溺愛 (　　　)

70. 博愛 (　　　) 71. 重複 (　　　) 72. 重荷 (　　　)

73. 所願 (　　　) 74. 祈願 (　　　) 75. 汝曹 (　　　)

76. 六曹 (　　　) 77. 效顰 (　　　) 78. 效果 (　　　)

79. 杜甫 (　　　) 80. 杜絕 (　　　) 81. 夏季 (　　　)

82. 乾季 (　　　) 83. 良識 (　　　) 84. 改良 (　　　)

85. 豪蕩 (　　　) 86. 豪奢 (　　　) 87. 好況 (　　　)

88. 好轉 (　　　) 89. 信義 (　　　) 90. 義兄 (　　　)

91. 憂鬱 (　　　) 92. 憂愁 (　　　) 93. 人我 (　　　)

94. 狂人 (　　　) 95. 享樂 (　　　) 96. 娛樂 (　　　)

97. 清吏 (　　　) 98. 清野 (　　　) 99. 濁流 (　　　)

100. 濁世 (　　　) 101. 紛失 (　　　) 102. 喪失 (　　　)

103. 問喪 (　　　) 104. 喪輿 (　　　) 105. 誘致 (　　　)

106. 致命 (　　　) 107. 數値 (　　　) 108. 算數 (　　　)

109. 郡邑 (　　　) 110. 郡縣 (　　　) 111. 畢擧 (　　　)

112. 畢竟 (　　　) 113. 逕至 (　　　) 114. 至急 (　　　)

115. 愛情 (　　　) 116. 愛親 (　　　) 117. 重疊 (　　　)

118. 重壓 (　　　) 119. 願望 (　　　) 120. 宿願 (　　　)

121. 吏曹 (　　　) 122. 刑曹 (　　　) 123. 實效 (　　　)

124. 發效 (　　　) 125. 高層 (　　　) 126. 高跳 (　　　)

127. 獲得 (　　　) 128. 拾得 (　　　) 129. 謹呈 (　　　)

130. 謹嚴 (　　　) 131. 勅書 (　　　) 132. 勅命 (　　　)

133. 士操 (　　　) 134. 騎士 (　　　) 135. 深刻 (　　　)

136. 刻薄 (　　　) 137. 白鵠 (　　　) 138. 鵠的 (　　　)

139. 達成 (　　　) 140. 造成 (　　　) 141. 尙早 (　　　)
142. 崇尙 (　　　) 143. 類似 (　　　) 144. 類型 (　　　)
145. 陷沒 (　　　) 146. 陷穽 (　　　) 147. 衝天 (　　　)
148. 天啓 (　　　) 149. 下院 (　　　) 150. 下船 (　　　)
151. 輕擧 (　　　) 152. 減輕 (　　　) 153. 淺薄 (　　　)
154. 薄情 (　　　) 155. 骨子 (　　　) 156. 帽子 (　　　)
157. 印畵 (　　　) 158. 畵面 (　　　) 159. 反擊 (　　　)
160. 反問 (　　　) 161. 畜狗 (　　　) 162. 鬪狗 (　　　)
163. 吾鼻三尺 (　　　) 164. 汝知我知 (　　　)
165. 無所不能 (　　　) 166. 父生母育 (　　　)
167. 三省吾身 (　　　) 168. 吾心卽汝心 (　　　)
169. 上行下效 (　　　) 170. 伯仲之勢 (　　　)
171. 言猶在耳 (　　　) 172. 轉禍爲福 (　　　)
173. 天命之謂性 (　　　) 174. 山鷄野鶩 (　　　)
175. 虎死留名 (　　　)

(2) 다음 낱말을 한자로 쓰시오.

1. 마술 (　　　) 2. 원조 (　　　) 3. 백형 (　　　)
4. 박자 (　　　) 5. 엄동 (　　　) 6. 돈후 (　　　)
7. 병렬 (　　　) 8. 희열 (　　　) 9. 기평 (　　　)
10. 회의 (　　　) 11. 교통 (　　　) 12. 경망 (　　　)
13. 무협 (　　　) 14. 승객 (　　　) 15. 환급 (　　　)
16. 서가 (　　　) 17. 계명 (　　　) 18. 용문 (　　　)
19. 화백 (　　　) 20. 고가 (　　　) 21. 후사 (　　　)

22. 주선 (　　　)	23. 신중 (　　　)	24. 구실 (　　　)
25. 무죄 (　　　)	26. 택일 (　　　)	27. 공언 (　　　)
28. 겸손 (　　　)	29. 청약 (　　　)	30. 시절 (　　　)
31. 검약 (　　　)	32. 저렴 (　　　)	33. 공정 (　　　)
34. 위풍 (　　　)	35. 애완 (　　　)	36. 중유 (　　　)
37. 민원 (　　　)	38. 법조 (　　　)	39. 무효 (　　　)
40. 두문 (　　　)	41. 계간 (　　　)	42. 불량 (　　　)
43. 호우 (　　　)	44. 호색 (　　　)	45. 의족 (　　　)
46. 우국 (　　　)	47. 위인 (　　　)	48. 음악 (　　　)
49. 청소 (　　　)	50. 탁주 (　　　)	51. 실례 (　　　)
52. 상주 (　　　)	53. 경치 (　　　)	54. 점수 (　　　)
55. 군청 (　　　)	56. 미필 (　　　)	57. 지독 (　　　)
58. 애호 (　　　)	59. 삼중 (　　　)	60. 자원 (　　　)
61. 호조 (　　　)	62. 유효 (　　　)	63. 고수 (　　　)
64. 득남 (　　　)	65. 근후 (　　　)	66. 칙사 (　　　)
67. 사졸 (　　　)	68. 즉각 (　　　)	69. 정곡 (　　　)
70. 성적 (　　　)	71. 고상 (　　　)	72. 조류 (　　　)
73. 함락 (　　　)	74. 천부 (　　　)	75. 비하 (　　　)
76. 경솔 (　　　)	77. 육박 (　　　)	78. 군자 (　　　)
79. 화법 (　　　)	80. 반칙 (　　　)	81. 해구 (　　　)

(3) 다음 한자어의 뜻을 쓰시오.

1. 馬脚　　　　　2. 援助

3. 伯兄　　　　　4. 子姪

5. 嚴冬 6. 敦親

7. 竝設 8. 歡喜

9. 譏讒 10. 物議

11. 通過 12. 輕妄

13. 武俠 14. 顧客

15. 還給 16. 稀書

17. 勸戒 18. 龍門

19. 道伯 20. 高價

21. 厚謝 22. 周旋

23. 愼日 24. 口實

25. 無垢 26. 擇一

27. 緖言 28. 謙辭

29. 請約 30. 骨節

31. 儉約 32. 廉價

33. 公正 34. 威壓

35. 吾鼻三尺 36. 溺愛

37. 重荷 38. 民願

39. 汝知我知 40. 六曹

41. 效顰 42. 杜絕

43. 季刊 44. 良識

45. 豪雨 46. 好轉

47. 義足 48. 憂鬱

49. 偉人 50. 娛樂

51. 淸野 52. 濁世

53. 無所不能 54. 喪失

55. 父生母育
56. 問喪
57. 誘致
58. 數値
59. 郡廳
60. 未畢
61. 至毒
62. 三省吾身
63. 愛親
64. 重疊
65. 自願
66. 吾心卽汝心
67. 戶曹
68. 發效
69. 上行下效
70. 伯仲之勢
71. 高手
72. 拾得
73. 言猶在耳
74. 轉禍爲福
75. 謹厚
76. 勅使
77. 士操
78. 天命之謂性
79. 深刻
80. 正鵠
81. 造成
82. 高尙
83. 類型
84. 山鷄野鶩
85. 陷沒
86. 天賦
87. 卑下
88. 輕擧
89. 薄情
90. 骨子
91. 印畵
92. 虎死留名
93. 反擊
94. 畜狗

(4) 뜻이 반대되거나 상대되도록 ( )에 알맞은 한자를 쓰시오.

1. 婦 ↔ ( )
2. 應 ↔ ( )
3. 厚 ↔ ( )
4. 喜 ↔ ( )

5. 鄕 ↔ (　　)

6. 濃 ↔ (　　)

7. 實 ↔ (　　)

8. 骨 ↔ (　　)

9. 淸 ↔ (　　)

10. 公 ↔ (　　)

11. 君 ↔ (　　)

12. 溫 ↔ (　　)

13. 絕 ↔ (　　)

14. 乾 ↔ (　　)

15. 減 ↔ (　　)

16. 好 ↔ (　　)

17. 得 ↔ (　　)

18. 父 ↔ (　　)

19. 師 ↔ (　　)

20. 合 ↔ (　　)

21. 問 ↔ (　　)

22. 兄 ↔ (　　)

23. 深 ↔ (　　)

24. 卒 ↔ (　　)

25. 早 ↔ (　　)

26. 沒 ↔ (　　)

27. 順 ↔ (　　)

28. 舊 ↔ (　　)

29. 嚴格 ↔ (　　)大

30. 慶事 ↔ 災(　　)

31. 濁酒 ↔ (　　)酒

32. 還給 ↔ 還(　　)

33. 邊方 ↔ 中(　　)

34. 周邊 ↔ 中(　　)

35. 愼重 ↔ 輕(　　)

36. 緒言 ↔ (　　)言

37. 謙遜 ↔ (　　)慢

38. 謙讓 ↔ 傲(　　)

39. 節約 ↔ (　　)費

40. 儉素 ↔ 奢(　　)

41. 淸廉 ↔ (　　)敗

42. 低廉 ↔ 高(　　)

43. 夏季 ↔ (　　)季

44. 不良 ↔ (　　)良

45. 義兄 ↔ (　　)兄

46. 紛失 ↔ (　　)得

47. 好況 ↔ (　　)況

48. 高手 ↔ (　　)手

〈답〉

1. 夫, 姑　2. 呼　3. 薄　4. 悲　5. 京　6. 淡　7. 虛
8. 肉　9. 濁　10. 私　11. 臣　12. 冷　13. 繼, 嗣
14. 坤,濕　15. 加　16. 惡　17. 失　18. 母, 子, 女　19. 弟
20. 離　21. 答　22. 弟　23. 淺　24. 將, 生　25. 晩　26. 出
27. 逆　28. 新　29. 寬　30. 殃　31. 淸　32. 收　33. 央
34. 心　35. 率　36. 結　37. 倨, 傲　38. 慢　39. 浪　40. 侈
41. 腐　42. 價　43. 冬　44. 優　45. 親　46. 拾　47. 不
48. 下

(5) 다음 문장에 대해 독음을 적고, 번역을 하시오.

1. 馬援兄子嚴敦竝喜譏議而通輕俠客還書誡之曰

(독음)

(번역)

2. 龍伯高敦厚周愼口無擇言謙約節儉廉公有威吾愛之重之願汝曹效之

(독음)

(번역

3. 杜季良豪俠好義憂人之憂樂人之樂淸濁無所失父喪致客數郡畢至

(독음)

吾愛之重之不願汝曹效也

(독음)

(번역)

4. 效伯高不得猶為謹勅士所謂刻鵠不成尙類鶩者也

(독음)

(번역)

5. 效季良不得陷為天下輕薄子所謂畫虎不成反類狗者也

(독음)

(번역)

07 祭祀觀 (제사관)

孝子將祭祀, 必有齊莊之心, 以慮事. 以具服物, 以修宮室, 以治百事. 及祭之日, 顔色必溫, 行必恐, 如懼不及愛然. 其奠之也, 容貌必溫, 身必詘, 如語焉而未之然. 宿者皆出其立, 卑靜以正, 如將不見然. 及祭之後, 陶陶遂遂, 如將復入然. 是故, 慤善不違身, 耳目不違心, 思慮不違親. 結諸心, 形諸色, 而術省之. 孝子之志也. (『禮記』, <祭義>)

한자어 학습

孝(효) **제사지낼, 효도, 효도할**

孝道(효도) **이치** 도　　忠孝(충효) **충성** 충　　孝悌(효제) **공손할** 제

子(자) **아들, 접미사, 씨**

妻子(처자) **아내** 처　　冊子(책자) **책** 책　　種子(종자) **씨** 종

將(장) **장차, 장수**

將來(장래) **올** 래　　將卒(장졸) **군사** 졸　　智將(지장) **슬기로울** 지

祭(제) 제사, 제사 지낼

祝祭(축제) 축하할 축	祭器(제기) 그릇 기	祭禮(제례) 예도 례

祀(사) 제사, 제사 지낼

節祀(절사) 절기 절	祭祀(제사) 제사 제	合祀(합사) 합할 합

必(필) 반드시

必然(필연) 그러할 연	必是(필시) 이에 시	必敗(필패) 패할 패

有(유) 있을

保有(보유) 보전할 보	所有(소유) 바 소	含有(함유) 머금을 함

齊(재) 엄숙할, 가지런할(제), 다 같이(제)

齊家(제가) 집 가	一齊(일제) 모두 일	齊唱(제창) 노래할 창

莊(장) 엄숙할, 별장, 씩씩할

矜莊(긍장) 삼갈 긍	別莊(별장) 따로 별	莊嚴(장엄) 엄할 엄

心(심) 마음, 중심

疑心(의심) 의심할 의	關心(관심) 관계할 관	核心(핵심) 핵심 핵

慮(려) 생각할, 걱정

配慮(배려) 나눌 배	憂慮(우려) 근심 우	念慮(염려) 생각 염

事(사) 일

事實(사실) 실제 실	事件(사건) 사건 건	事例(사례) 전례 례

具(구) 갖출, 연장

具備(구비) 갖출 구	工具(공구) 장인 공	漁具(어구) 고기잡을 어

服(복) **옷, 복종할**

衣服(의복)	**옷**	의	服制(복제)	**규정**	제	屈服(굴복)	**굽힐**	굴

物(물) **물건, 사물**

膳物(선물)	**선물**	선	賂物(뇌물)	**뇌물**	뇌	物質(물질)	**바탕**	질

修(수) **고칠, 연구할, 행할**

修正(수정)	**바로잡을**	정	研修(연수)	**궁구할**	연	修交(수교)	**사귈**	교

宮(궁) **사당, 궁궐**

宮闕(궁궐)	**대궐**	궐	宮殿(궁전)	**궁궐**	전	宮女(궁녀)	**여자**	녀

室(실) **방**

教室(교실)	**가르칠**	교	室長(실장)	**우두머리**	장	蠶室(잠실)	**누에**	잠

治(치) **다스릴**

政治(정치)	**정사**	정	治水(치수)	**물**	수	治安(치안)	**편안하게할**	안

百(백) **온갖, 일백**

百貨(백화)	**물품**	화	百態(백태)	**모양**	태	百倍(백배)	**곱**	배

事(사) **일, 사고**

人事(인사)	**사람**	인	事業(사업)	**일**	업	事故(사고)	**사고**	고

及(급) **이를, 미칠**

莫及(막급)	**없을**	막	遡及(소급)	**거스를**	소	論及(논급)	**말할**	논

祭(제) **제사**

祭享(제향)	**제사**	향	路祭(노제)	**길**	로	司祭(사제)	**맡을**	사

日(일) 날, 해

每日(매일) 매양 매　卜日(복일) 점칠 복　日沒(일몰) 들어갈 몰

顔(안) 얼굴

顔面(안면) 낯 면　紅顔(홍안) 붉을 홍　童顔(동안) 아이 동

色(색) 빛

色彩(색채) 빛 채　單色(단색) 홑 단　色素(색소) 성분 소

必(필) 반드시

必殺(필살) 죽일 살　必納(필납) 바칠 납　必罰(필벌) 벌줄 벌

溫(온) 온화할, 따뜻할, 온도

溫柔(온유) 부드러울 유　溫泉(온천) 샘 천　微溫(미온) 미약할 미

行(행) 걸을, 갈, 행할

行步(행보) 걸음 보　隨行(수행) 따를 수　實行(실행) 실제 실

恐(공) 삼갈, 두려울, 무섭게 할

恐怖(공포) 두려울 포　可恐(가공) 할만한 가　恐喝(공갈) 으를 갈

如(여) 같을

見金如石(견금여석) 볼 견 금 금 돌 석

懼(구) 두려워할

悚懼(송구) 두려워할 송　疑懼(의구) 의심할 의　恐懼(공구) 두려울 공

及(급) 미칠

駟不及舌(사불급설) 네 마리 말 사 아닐 불 혀 설

愛(애) **사랑, 사랑할**

友愛(우애) **벗** 우　愛國(애국) **나라** 국　敬愛(경애) **공경할** 경

然(연) **형용어, 그럴**

確然(확연) **확실할** 확　釋然(석연) **풀** 석　然諾(연낙) **승낙할** 낙

奠(전) **제물 올릴, 제물**

奠物(전물) **물건** 물　禮奠(예전) **예도** 례　殷奠(은전) **많을** 은

容(용) **얼굴, 받아들일**

容貌(용모) **모양** 모　容恕(용서) **용서할** 서　許容(허용) **허락할** 허

貌(모) **얼굴, 모양**

美貌(미모) **아름다울** 미　外貌(외모) **겉** 외　面貌(면모) **얼굴** 면

必(필) **반드시**

生者必滅(생자필멸) **살** 생 **것** 자 **멸할** 멸

溫(온) **온화할, 온도**

溫順(온순) **순할** 순　低溫(저온) **낮을** 저　體溫(체온) **몸** 체

身(신) **몸**

自身(자신) **자기** 자　屍身(시신) **주검** 시　獻身(헌신) **바칠** 헌

詘(굴) **굽힐**

敬詘(경굴) **공경할** 경　磬詘(경굴) **굽힐** 경　警詘(경굴) **경계할** 경

語(어) **말할, 말**

語法(어법) **방법** 법　語彙(어휘) **무리** 휘　單語(단어) **홑** 단

未(미) **아닐**

未洽(미흡) **넉넉할** 흡　未來(미래) **올** 래　未滿(미만) **찰** 만

然(연) **형용어, 그럴**

悠然(유연) **한가할** 유　爛然(난연) **빛날** 란　然否(연부) **아닐** 부

宿(숙) **재계할, 잠 잘**

齋宿(재숙) **재계할** 재　露宿(노숙) **이슬** 로　寄宿(기숙) **붙어살** 기

者(자) **사람**

筆者(필자) **쓸** 필　讀者(독자) **읽을** 독　隱者(은자) **숨을** 은

皆(개) **모두**

擧世皆濁(거세개탁) **모두** 거 **세상** 세 **흐릴** 탁

出(출) **나갈, 내놓을**

出勤(출근) **근무할** 근　抽出(추출) **뽑을** 추　提出(제출) **제시할** 제

立(립) **설, 세울**

獨立(독립) **홀로** 독　起立(기립) **일어날** 기　設立(설립) **세울** 설

卑(비) **낮을, 저속할**

卑屬(비속) **혈족** 속　卑劣(비열) **졸렬할** 열　卑怯(비겁) **겁낼** 겁

靜(정) **고요할**

冷靜(냉정) **찰** 랭　安靜(안정) **편안할** 안　靜肅(정숙) **엄숙할** 숙

正(정) **바를**

嚴正(엄정) **엄할** 엄　正確(정확) **확실할** 확　正直(정직) **곧을** 직

如(여) 같을

如履薄氷(여리박빙) 밟을 리 엷을 박 얼음 빙

將(장) 장차, 장수

將次(장차) 다음에 차 將帥(장수) 장수 수 將兵(장병) 병사 병

見(견) 볼, 견해

見習(견습) 익힐 습 見聞(견문) 들을 문 偏見(편견) 치우칠 편

然(연) 형용어, 그럴

肅然(숙연) 엄숙할 숙 自然(자연) 저절로 자 果然(과연) 정말 과

及(급) 미칠

過猶不及(과유불급) 지나칠 과 같을 유 아닐 급

祭(제) 제사

祭壇(제단) 단 단 祭需(제수) 쓰일 수 時祭(시제) 철 시

後(후) 뒤

畢後(필후) 마칠 필 後妃(후비) 왕비 비 悟後(오후) 깨달을 오

陶(도) 빚을, 즐거워할, 질그릇, 기를

陶醉(도취) 취할 취 陶工(도공) 장인 공 陶冶(도야) 단련할 야

陶(도) 빚을, 질그릇

陶器(도기) 그릇 기 陶藝(도예) 기예 예 陶瓷(도자) 자기 자

遂(수) 이를

毛遂自薦(모수자천) 터럭 모 스스로 자 천거할 천

遂(수) 이룰

殺人未遂(살인미수) 죽일 살 사람 인 아닐 미

將(장) 장차, 장수

驍將(효장) 날랠 효 將棋(장기) 바둑 기 武將(무장) 무사 무

復(부) 다시, 돌아올(복), 되풀이할(복)

復活(부활) 살 활 復歸(복귀) 돌아올 귀 反復(반복) 되풀이할 반

入(입) 들

加入(가입) 가입할 가 介入(개입) 끼일 개 收入(수입) 거둘 수

然(연) 형용어, 그러나

忽然(홀연) 갑자기 홀 茫然(망연) 아득할 망 然而(연이) 말 이을 이

故(고) 까닭, 옛 벗, 죽을

故友(고우) 벗 우 故人(고인) 사람 인 作故(작고) 일어날 작

慤(각) 성실할

誠慤(성각) 정성 성 慤實(각실) 정성 실 慤士(각사) 선비 사

善(선) 착할, 좋을, 잘

善良(선량) 어질 량 改善(개선) 고칠 개 善導(선도) 이끌 도

違(위) 떨어질, 어길

違反(위반) 어길 반 違法(위법) 법 법 違背(위배) 어길 배

身(신) 몸, 자신

焚身(분신) 불사를 분 變身(변신) 변할 변 身勢(신세) 형세 세

耳(이) 귀

耳鼻(이비) 코 비　耳鳴(이명) 울릴 명　耳順(이순) 순할 순

目(목) 눈, 볼

眼目(안목) 눈 안　目的(목적) 과녁 적　注目(주목) 뜻을 둘 주

違(위) 떨어질, 어길

違憲(위헌) 법 헌　非違(비위) 그릇될 비　故違(고위) 일부러 고

心(심) 마음, 심장

民心(민심) 백성 민　操心(조심) 잡을 조　心臟(심장) 오장 장

思(사) 생각

深思(심사) 깊을 심　思潮(사조) 흐름 조　思索(사색) 찾을 색

慮(려) 생각할, 걱정할

熟慮(숙려) 깊이 숙　顧慮(고려) 돌이킬 고　心慮(심려) 마음 심

違(위) 떨어질, 어긋남, 어길

相違(상위) 서로 상　違禮(위례) 예도 례　違命(위명) 명령 명

親(친) 친할

親舊(친구) 친구 구　親近(친근) 가까울 근　親戚(친척) 친척 척

結(결) 맺을

結果(결과) 과실 과　結局(결국) 판 국　妥結(타결) 온당할 타

諸(저) ~에, 모두(제)

諸行(제행) 행할 행　諸島(제도) 섬 도　諸法(제법) 법 법

心(심) 마음

放心(방심) 놓을 방	心象(심상) 형상 상	眞心(진심) 참 진

形(형) 모양

環形(환형) 고리 환	丸形(환형) 둥글 환	尖形(첨형) 뾰족할 첨

諸(저) ~에, 모두(제), 여러(제)

諸儒(제유) 선비 유	諸佛(제불) 부처 불	諸般(제반) 가지 반

色(색) 얼굴빛

飢色(기색) 굶주릴 기	死色(사색) 죽을 사	和色(화색) 온화할 화

術(술) 밝힐, 재주, 방법, 학술

技術(기술) 재주 기	手術(수술) 손 수	美術(미술) 아름다울 미

省(성) 살필, 덜(생)

反省(반성) 돌이킬 반	省墓(성묘) 무덤 묘	省略(생략) 줄일 략

孝(효) 제사지낼, 효도

孝婦(효부) 며느리 부	孝鳥(효조) 새 조	孝養(효양) 봉양할 양

子(자) 아들, 접미사, 자작

元子(원자) 첫째 원	娘子(낭자) 계집 낭	子爵(자작) 벼슬 작

志(지) 뜻

承志(승지) 이을 승	寸志(촌지) 치 촌	鬪志(투지) 싸울 투

✤ 허사 용례 및 어구 풀이

孝子將祭祀, 必有齊莊之心, 以慮事, 以具服物, 以修宮室, 以治百事.; 효자가 장차 부모의 제사를 지내려고 할 때에는, 반드시 엄숙한 마음을 가져 그로써 제사에 관한 일들을 생각하고, 의복과 제물을 갖추며, 사당을 수리하고, 온갖 일들을 처리해야 한다.

- 孝子將祭祀; 효자가 장차 부모의 제사를 지내려고 할 때에는; '주어(孝子) + 부사어(將) + 술어(祭祀)의' 형태; '孝子'는 '효자/제사를 지낼 때 제주(祭主)가 부모의 혼백에게 자기를 이르는 말/일인칭 대명사', '將'은 '장차/부사', '祭祀'는 '제사를 지내다/동사'
- 必有齊莊之心, 以慮事, 以具服物, 以修宮室, 以治百事; 반드시 엄숙한 마음을 가져, 그로써 제사에 관한 일들을 생각하고, 의복과 제물을 갖추며, 사당을 수리하고, 온갖 일들을 처리해야 한다; '부사어(必) + 술어(有) + 목적어(齊莊之心), 도구격 조사(以) + 술어(慮) + 목적어(事), 도구격 조사(以) + 술어(具) + 목적어(服物), 도구격 조사(以) + 술어(修) + 목적어(宮室), 도구격 조사(以) + 술어(治) + 목적어(百事)'의 형태; '必'은 '반드시/부사', '有'는 '가지다/동사', '齊莊之心'은 '엄숙한 마음/형용사(齊莊) + 관형격 조사(之) + 명사(心)의 형태', '齊莊'은 '엄숙하다', '齊'는 '엄숙하다/'재'로 읽음/동사', '莊'은 '엄숙하다/형용사', '之'는 '~하는/관형격 조사', '心'은 '마음/명사', '以慮事'는 '그로써 제사에 관한 일들을 생각한다', '以'는 '그로써/'齊莊之心'을 받음/개사', '慮'는 '생각하다/동사', '事'는 '제사에 관한 일들/명사', '以具服物'은 '그로써 의복과 제물을 갖춘다', '以'는 '그로써/'齊莊之心'을 받음/개사', '具'는 '갖추다/동사', '服物'은 '의복과 제물', '服'은 '의복/명사', '物'은 '물건/명사', '以修宮室'은 '그로써 사당을 수리한다', '以'는 '그로써/'齊莊之心'을 받음/개사', '修'는 '수리하다/동사', '宮室'은 '사당/명사', '以治百事'는 '그로써 온갖 일들을 처리한다', 以'는 '그로써/'齊莊之心'을 받음/개사', '治'는 '처리하다/동사', '百事'는 '온갖 일', '百'은 '온갖/관형사', '事'는 '일/명사'

及祭之日, 顔色必溫, 行必恐, 如懼不及愛然.; 제사 지내는 날에 이르러서는 얼굴빛을 반드시 온화하게 하고, 걸음걸이를 반드시 조심하여 부모를 사랑하는 마음이 미치지 못함을 두려워하는 듯이 해야 한다.

- 及祭之日; 제사 지내는 날에 이르러서는; '술어(及) + 부사어(於祭之日)'의 형태인데 '於'가 생략됨; '及'은 '미치다, 이르다/동사', '(於)祭之日'은 '제사지내는 날에/동사(祭) + 관형격 조사(之) + 명사(日)', '祭'는 '제사지내다/동사', '之'는 '~하는/관형격 조사', '日'은 '날/명사'
- 顔色必溫; 얼굴빛을 반드시 온화하게 하고; '목적어(顔色) + 부사어(必) + 술어(溫)'의 형태/'必溫'과 '顔色'이 도치됨; '顔色'은 '얼굴빛', '顔'은 '얼굴/명사', '色'은 '빛/명사', '必'은 '반드시/부사', '溫'은 '온화하게 하다/동사'
- 行必恐; 걸음걸이를 반드시 조심하여; '목적어(行) + 부사어(必) + 술어(恐)'의 형태/'必恐'과 '行'이 도치됨; '行'은 '걸음걸이/명사', '必'은 '반드시/부사', '恐'은 '조심하다/동사'
- 如懼不及愛然; 부모를 사랑하는 마음이 미치지 못함을 두려워하는 듯이 해야 한다; '술어(如) + 보어(懼不及愛然)'의 형태; '如'는 '같게 하다, ~처럼 하다/동사', '懼不及愛然'은 '부모를 사랑하는 마음이 미치지 못함을 두려워하는 모양/술어(懼) + 목적어(不及愛) + 형용어(然)의 형태', '懼'는 '두려워하다/동사', '不及愛'는 '부모를 사랑하는 마음이 미치지 못하다/부정사(不) + 술어(及) + 주어(愛)의 형태인데 '愛'와 '不及'이 도치됨', '不'은 '아니하다/부정사', '及'은 '미치다/동사', '愛'는 '부모를 사랑하는 마음/명사', '然'은 '동사나 형용사 뒤에 붙어서 상태를 나타내는 접미사'

其奠之也, 容貌必溫, 身必詘, 如語焉而未之然.; 효자가 부모의 영전에 제물을 올릴 때에는 얼굴을 반드시 온화하게 하고, 몸을 반드시 굽혀서 부모의 영전에 말을 하는 듯 마는 듯이 해야 한다

■ **其奠之也**; 효자가 부모의 영전에 제물을 올릴 때에는; '주어(其) + 술어(奠) + 목적어(之) + 조사(也)'의 형태; '其'는 '효자를 가리키는 지시대명사', '奠'은 '제물을 올리다/동사', '之'는 '부모의 영전을 가리키는 지시대명사', '也'는 '앞뒤 문장을 연결하는 조사/번역하지 않음'

■ **容貌必溫**; 얼굴을 반드시 온화하게 하고; '목적어(容貌) + 부사어(必) + 술어(溫)'의 형태인데 '必溫'과 '容貌'가 도치됨; '容貌'는 '얼굴 모양', '容'은 '얼굴/명사', '貌'는 '모양/명사', '必'은 '반드시/부사', '溫'은 '온화하게 하다/동사'

■ **身必詘**; 몸을 반드시 굽혀서; '목적어(身) + 부사어(必) + 술어(詘)'의 형태인데 '身'과 '必詘'이 도치됨; '身'은 '몸/명사', '必'은 '반드시/부사', '詘'은 '굽히다/동사'

■ **如語焉而未之然.**; 부모의 영전에 말을 하는 듯 마는 듯이 해야 한다; '술어(如) + 보어(語焉而未之然)'의 형태; '如'는 '같게 하다, ~처럼 하다/동사', '語焉而未之然'은 '부모에게 말을 하는 듯 마는 듯이 하는 모양/술어(語) + 목적어(焉) + 접속어(而) + 술어 (未) + 목적어(之) + 형용어(然)의 형태', '語'는 '말하다/동사', '焉'은 '於之의 줄임말/부모의 영전에', '而'는 '~하되/역접/접속사', '未'는 '하지 못하다/동사', '之'는 '부모의 영전에 말 하는 것을 가리키는 지시대명사', '然'은 '동사나 형용사 뒤에 붙어서 상태를 나타내는 접미사'

宿者皆出, 其立, 卑靜以正, 如將不見然.; 제사에 참례했던 사람들이 모두 나가고, 효자가 일어설 때에는 낮고 조용하면서도 바르게 하여 장차 부모의 영혼이 보이지 않을 것처럼 한다.

■ **宿者皆出**; 제사에 참례했던 사람들이 모두 나가고; '주어(宿者) + 부사어(皆) + 술어(出)'의 형태; '宿者'는 '제사에 참례했던 사람들/동사(宿)+명사(者)', '宿'은 '재계하다/동사', '者'는 '사람/명사', '皆'는 '모두/부사', '出'은 '나가다/동사',

■ **其立, 卑靜以正**; 효자가 일어설 때에는 낮고 조용하면서도 바르게 하여; '주

어(其) + 술어(立), 술어(卑靜) + 접속어(以) + 술어(正)'의 형태; '其'는 '효자를 가리키는 지시대명사', '立'은 '일어서다/동사', '卑'는 '낮다/형용사', '靜'은 '조용하다/형용사', '以'는 '~ 하고/'而'와 같이 쓰임/접속사', '正'은 '바르게 하다/동사'

- **如將不見然**; 장차 부모가 보이지 않을 것처럼 한다; '술어(如) + 보어(將不見然)'의 형태; '如'는 '같게 하다, ~처럼 하다/동사', '將不見然'은 '장차 부모가 보이지 않을 것 같은 모양/부사어(將) + 부정사(不) + 술어(見) + 형용어(然)의 형태', '將'은 '장차/부사', '不'은 '아니하다/부정사', '見'은 '보이다/동사', '然'은 '동사나 형용사 뒤에 붙어서 상태를 나타내는 접미사'

及祭之後, 陶陶遂遂, 如將復入然.; 제사를 지낸 뒤에 이르러서는 부모를 그리워하는 마음이 속에서 생겨나 밖으로 드러나게 하여 장차 부모의 영혼이 다시 들어올 것처럼 한다.

- **及祭之後**; 제사를 지낸 뒤에 이르러서는; '술어(及) + 부사어(於祭之後)'의 형태인데 '於'가 생략됨; '及'은 '미치다, 이르다/동사', '(於)祭之後'는 '제사를 지낸 뒤에/동사(祭) + 관형격 조사(之) + 명사(後)', '祭'는 '제사지내다', '之'는 '~하는/관형격 조사', '後'는 '뒤/명사'
- **陶陶遂遂**; 부모를 그리워하는 마음이 속에서 생겨나 밖으로 드러나게 하여; '술어(陶陶遂遂)'의 형태; '陶陶'는 '부모를 그리워하는 마음이 속에서 생겨나는 모양/형용어', '遂遂'는 '부모를 그리워하는 정이 밖으로 드러나는 모양/형용어'
- **如將復入然**; 장차 부모의 영혼이 다시 들어올 것처럼 한다; '술어(如) + 보어(將復入然)'의 형태; '如'는 '같게 하다, ~처럼 하다/동사', '將復入然'은 '장차 부모의 영혼이 다시 들어올 것 같은 모양/부사어(將) + 부사어(復) + 술어(入) + 형용어(然)의 형태', '復'는 '다시/'부'로 읽음/부사', '入'은 '들어오다/동사', '然'은 '동사나 형용사 뒤에 붙어서 상태를 나타내는 접미사'

是故, 慤善不違身, 耳目不違心, 思慮不違親.; 이런 까닭에 (효자는) 성실하고 선량한 마음이 몸을 떠나지 않고, 귀와 눈이 마음을 떠나지 않으며, 생각이 어버이를 떠나지 않는다.

- **是故, 慤善不違身**; 이런 까닭에 (효자는) 성실하고 선량한 마음이 몸을 떠나지 않고; '부사어(是故) + 주어(慤善) + 부정사(不) + 술어(違) + 목적어(身)'의 형태; '是故'는 '이런 까닭에/지시대명사(是) + 명사(故)', '是'는 '이/앞의 문장의 내용을 가리키는 지시대명사', '故'는 '때문/명사', '慤'은 '성실/명사', '善'은 '선량함/명사', '不'은 '아니하다/부정사', '違'는 '떠나다/동사', '身'은 '몸/명사'
- **耳目不違心**; 귀와 눈이 마음을 떠나지 않으며; '주어(耳目) + 부정사(不) + 술어(違) + 목적어(心)'의 형태; '耳'는 '귀/명사', 目'은 '눈/명사', '不'은 '아니하다/부정사', '違'는 '떠나다/동사', '心'은 '마음/명사'
- **思慮不違親**; 생각이 어버이를 떠나지 않는다; '주어(思慮) + 부정사(不) + 술어(違) + 목적어(親)'의 형태; '思慮'는 '생각/명사', '不'은 '아니하다/부정사', '違'는 '떠나다/동사', '親'은 '어버이, 부모/명사'

結諸心, 形諸色, 而術省之, 孝子之志也.; (부모를 생각하는 정이) 마음속에 맺혀 안색에 드러나는데, 그것을 밝히고 살피는 것이 효자의 뜻이다.

- **結諸心**; (부모를 생각하는 정이) 마음속에 맺혀; '술어(結) + 부사어(諸心)'의 형태; '結'은 '맺히다/동사', '諸'는 '~에/처격 조사/'저'로 읽음', '心'은 '마음/명사'
- **形諸色**; 안색에 드러나는데; '술어(形) + 부사어(諸色)'의 형태; '形'은 '드러나다. 나타나다/동사', '諸'는 '~에/처격 조사/'저'로 읽음', '色'은 '안색/명사'
- **而術省之, 孝子之志也**; 그것을 밝히고 살피는 것이 효자의 뜻이다; '접속어(而) + 주어(術省之) + 술어(是 또는 爲) + 보어(孝子之志) + 종결형 조사(也)'의 형태인데 '是' 또는 '爲'가 생략됨; '而'는 '~하는데/순접/접속사', '術省之'는 '그것을 밝히고 살피는 것/술어(術省) + 목적어(之)/동사구로서 주어가 됨',

'術'은 '밝히다/동사'/'述'과 통용', '省'은 '살피다/동사', '之'는 '부모를 생각하는 정을 가리키는 지시대명사', '孝子之志'는 '효자의 뜻/명사(孝子) + 관형격 조사(之) + 명사(志)의 형태', '孝子'는 '효자/제사를 지낼 때 제주(祭主)가 부모의 혼백에게 자기를 이르는 말/일인칭 대명사', '之'는 ' ~의/관형격 조사', '志'는 '뜻/명사'

✤ 내용 해설

祭祀(제사)는 산 사람과 죽은 사람이 서로 통하고, 죽은 자의 영혼을 위로하는 마당이다. 이 만남의 자리에는 여러 가지 복잡한 節次(절차)와 形式(형식)이 요구된다. 그것이 바로 祭禮(제례)이다. 여기에는 제사 절차와 제물 마련 등의 형식적인 측면, 나아가 제사라는 儀式(의식)을 통하여 가족·친족 간의 紐帶(유대)를 강화하고 親睦(친목)을 도모하는 측면도 매우 중요시되었다.

제사는 원래 잔치하는 의식을 모방한 것이다. 살아계실 때는 잔치를 베풀어 즐거움을 극진히 하고 돌아가시면 제사를 다하여 恭敬(공경)을 표시하는 것이다. 따라서 잔치에 음식이 없을 수 없듯이 제사에도 음식이 없을 수 없는데, 제사는 본래 神(신)을 모시는 宗敎儀禮(종교의례)에서 비롯되었기 때문에 인간의 삶과 구분되는 格式(격식)과 형식이 있었다.

그러던 것이 부모에 대한 孝(효)가 강조되고, 제사가 돌아가신 부모님에 대한 공경의 마음을 표현하는 家禮(가례)로 정착되면서 그 의례의 형식과 격식의 상당 부분이 살아계신 부모님을 모시는 것을 모방하는 것으로 바뀌었다. 그래서 제사에 올리는 음식의 종류와 가짓수, 진설 방법 등에 있어서는 定型化(정형화)된 틀을 기본으로 하고 있지만 그 實行(실행)에 있어서는 부모님에 대한 효의 감정을 표현하는 것을 더욱 중요하게 여기는 것이다.

한국인의 제례는 유교적 성격을 강하게 띠고 있다. 유교식 제례에서 제사의 의

미는 부모가 살아 계실 때에 행하던 孝行(효행)의 연속이다. 즉 부모를 생전에 봉양한 것처럼, 돌아가신 후에도 지극한 정성의 제사를 올림으로써 孝道(효도)를 다한다는 의미가 담겨 있다.

東巖(동암) 柳長源(류장원)의 『常變通攷(상변통고)』 <總論(총론)>에서는 "무릇 제사는 사랑과 恭敬(공경)으로 精誠(정성)을 다하는 것을 위주로 할 따름이다. 가난하면 집 안의 형편에 알맞게 하고, 병이 있으면 힘을 헤아려서 행한다. 재물과 힘이 미치는 자는 각자 의식대로 함이 마땅하다."라고 했다. 『禮記(예기)』 <祭統(제통)>에서는 "제사란 못 다한 봉양을 행하고 못 다한 효도를 계속하는 것이다."라고 했다.

그렇다면 제사는 어떤 의미를 갖을까? 한 마디로 말하자면 追遠報本(추원보본)이다. 제사란 것은 조상의 덕을 追慕(추모)하여 자기의 근본을 잊지 않고 은혜를 갚으며, 이로 인해 德(덕)이 厚(후)한 데로 돌아가게 하기 위한 것이다. 이것을 死後奉養(사후봉양)과 家系繼承(가계계승)의 두 측면으로 정리할 수 있다.

『朱子家禮(주자가례)』가 두루 시행되기 전, 조선 전기에는 사후봉양의 의미가 강하였기 때문에 外孫奉祀(외손봉사), 收養奉祀(수양봉사), 侍養奉祀(시양봉사), 輪廻奉祀(윤회봉사) 등이 아무런 제약이 없었다. 그러나 조선 후기로 오면 宗法意識(종법의식)이 강화되고 가계 계승의 의미가 강해지면서 嫡長子(적장자) 單獨奉祀(단독봉사), 立後奉祀(입후봉사)만이 주도적인 것으로 존속하게 된다. 거기에다 일제시대 父系(부계)의 가계 계승을 강조하는 戶主制(호주제) 등 家父長制(가부장제)의 도입은 이를 더욱 강화하였다. 이러한 제사를 통한 가계 계승은 아직도 우리의 생활에 뿌리 깊게 남아있다.

그렇다면 이런 제례문화는 오늘날에도 여전히 의미가 있을까? 유교식 제사는 죽은 사람의 嫡子(적자) 혹은 嫡孫(적손), 그 가운데서도 長子(장자)나 長孫(장손)이 주인이 되어 제사를 진행하며, 그것을 통해서 宗族(종족)의 체계가 형성된다. 이는 제사가 유교문화의 근간이 되는 이유이며, 유교문화에서 제사를 통해 효를 강조할 때 그 효가 단지 하나의 가족에 머물지 않고 집단과 사회 전체의 人倫道德(인륜도덕)이 될 수 있도록 하는 근거가 된다.

또한 제사는 제사를 준비하고 치르는 전체 구성원들에게 각각의 임무를 주고 그것을 모든 절차에 따라서 계획된 대로 실행하도록 한다. 笏記(홀기)를 읽음으로써 전체 제사의 진행 단계를 알려주면 참여하는 사람들 각자는 저마다 맡은 役割(역할)과 行動(행동)을 착오 없이 수행한다. 구성원들은 이러한 제사의례의 반복을 통해서 協同(협동)의 방식과 그 절차를 익히고, 제사의 숙연하면서도 윤리적인 분위기로 인하여 자연스럽게 어른에 대한 공경과 효의 윤리를 익히게 된다. 이는 제사의례가 사회 통합을 이룩하고 그것을 공고하게 유지하는 방식으로서 매우 중요한 역할을 하고 있음을 시사한다. 제사의례는 이러한 방식을 통해서 한국인의 윤리적 정서를 유지하고 고취시키는 역할을 수행해왔다. 이런 점에서 제사는 유교에 대한 개인적인 好(호)·不好(불호)의 정서와는 별도로 우리가 늘 그 의미를 돌아보아야 하는 民族文化(민족문화)의 중요한 資産(자산)이라고 할 수 있다.

〈참조한 자료 및 더 읽을 거리〉

김미영 외3, 『조상제사 어떻게 지낼 것인가』, 민속원, 2012.
류장원 저, 『국역 상변통고』, 한국고전의례연구회, 신지서원, 2009.
이병혁, 『한국의 전통 제사의식 - 기제, 차례, 묘제』, 국학자료원, 2011.
이영춘, 『차례와 제사』, 대원사, 2002.
한국 고문서학회, 『조선시대 생활사2』, 역사비평사, 2001.
한국고전의례연구회, 『국역 가례증해』, 민속원, 2011.
한국국학진흥원, 『제사와 제례문화』, 2005.
한국국학진흥원, 『전통의 맥을 잇는 종가문화』, 2008.

익힘문제

(1) 다음 한자어의 독음을 쓰시오.

1. 孝悌 (　　　　) 2. 忠孝 (　　　　) 3. 妻子 (　　　　)
4. 種子 (　　　　) 5. 將卒 (　　　　) 6. 智將 (　　　　)
7. 祭器 (　　　　) 8. 祭禮 (　　　　) 9. 合祀 (　　　　)
10. 節祀 (　　　　) 11. 必是 (　　　　) 12. 必敗 (　　　　)
13. 保有 (　　　　) 14. 含有 (　　　　) 15. 齊家 (　　　　)
16. 齊唱 (　　　　) 17. 別莊 (　　　　) 18. 矜莊 (　　　　)
19. 關心 (　　　　) 20. 疑心 (　　　　) 21. 配慮 (　　　　)
22. 憂慮 (　　　　) 23. 事實 (　　　　) 24. 事例 (　　　　)
25. 具備 (　　　　) 26. 漁具 (　　　　) 27. 服制 (　　　　)
28. 屈服 (　　　　) 29. 膳物 (　　　　) 30. 賂物 (　　　　)
31. 修正 (　　　　) 32. 研修 (　　　　) 33. 宮闕 (　　　　)
34. 宮殿 (　　　　) 35. 室長 (　　　　) 36. 蠶室 (　　　　)
37. 政治 (　　　　) 38. 治水 (　　　　) 39. 百態 (　　　　)
40. 百貨 (　　　　) 41. 事故 (　　　　) 42. 事業 (　　　　)
43. 遡及 (　　　　) 44. 論及 (　　　　) 45. 祭享 (　　　　)
46. 路祭 (　　　　) 47. 卜日 (　　　　) 48. 日沒 (　　　　)
49. 紅顔 (　　　　) 50. 童顔 (　　　　) 51. 色彩 (　　　　)
52. 色素 (　　　　) 53. 必殺 (　　　　) 54. 必納 (　　　　)
55. 微溫 (　　　　) 56. 溫柔 (　　　　) 57. 隨行 (　　　　)
58. 行步 (　　　　) 59. 可恐 (　　　　) 60. 恐喝 (　　　　)
61. 疑懼 (　　　　) 62. 恐懼 (　　　　) 63. 友愛 (　　　　)

64. 敬愛 (　　　) 65. 然諾 (　　　) 66. 釋然 (　　　)
67. 殷奠 (　　　) 68. 禮奠 (　　　) 69. 許容 (　　　)
70. 容貌 (　　　) 71. 面貌 (　　　) 72. 美貌 (　　　)
73. 低溫 (　　　) 74. 體溫 (　　　) 75. 自身 (　　　)
76. 獻身 (　　　) 77. 謦詘 (　　　) 78. 警詘 (　　　)
79. 語彙 (　　　) 80. 單語 (　　　) 81. 未洽 (　　　)
82. 未滿 (　　　) 83. 然否 (　　　) 84. 爛然 (　　　)
85. 齋宿 (　　　) 86. 露宿 (　　　) 87. 讀者 (　　　)
88. 隱者 (　　　) 89. 抽出 (　　　) 90. 提出 (　　　)
91. 設立 (　　　) 92. 獨立 (　　　) 93. 卑屬 (　　　)
94. 卑怯 (　　　) 95. 冷靜 (　　　) 96. 靜肅 (　　　)
97. 嚴正 (　　　) 98. 正確 (　　　) 99. 將次 (　　　)
100. 將帥 (　　　) 101. 見習 (　　　) 102. 偏見 (　　　)
103. 果然 (　　　) 104. 肅然 (　　　) 105. 祭需 (　　　)
106. 時祭 (　　　) 107. 畢後 (　　　) 108. 悟後 (　　　)
109. 陶醉 (　　　) 110. 陶冶 (　　　) 111. 陶器 (　　　)
112. 陶瓷 (　　　) 113. 驍將 (　　　) 114. 將棋 (　　　)
115. 復歸 (　　　) 116. 反復 (　　　) 117. 加入 (　　　)
118. 收入 (　　　) 119. 然而 (　　　) 120. 茫然 (　　　)
121. 故友 (　　　) 122. 作故 (　　　) 123. 誠慤 (　　　)
124. 慤實 (　　　) 125. 改善 (　　　) 126. 善導 (　　　)
127. 違反 (　　　) 128. 違背 (　　　) 129. 焚身 (　　　)
130. 變身 (　　　) 131. 耳鳴 (　　　) 132. 耳鼻 (　　　)
133. 注目 (　　　) 134. 眼目 (　　　) 135. 非違 (　　　)
136. 故違 (　　　) 137. 操心 (　　　) 138. 心臟 (　　　)

139. 深思 (　　　) 140. 思潮 (　　　) 141. 熟慮 (　　　)
142. 顧慮 (　　　) 143. 違命 (　　　) 144. 違禮 (　　　)
145. 親近 (　　　) 146. 親戚 (　　　) 147. 結局 (　　　)
148. 妥結 (　　　) 149. 諸行 (　　　) 150. 諸島 (　　　)
151. 放心 (　　　) 152. 心象 (　　　) 153. 環形 (　　　)
154. 尖形 (　　　) 155. 諸儒 (　　　) 156. 諸佛 (　　　)
157. 飢色 (　　　) 158. 死色 (　　　) 159. 技術 (　　　)
160. 手術 (　　　) 161. 反省 (　　　) 162. 省墓 (　　　)
163. 孝鳥 (　　　) 164. 孝養 (　　　) 165. 元子 (　　　)
166. 子爵 (　　　) 167. 承志 (　　　) 168. 鬪志 (　　　)
169. 見金如石 (　　　　　) 170. 駟不及舌 (　　　　　)
171. 生者必滅 (　　　　　) 172. 擧世皆濁 (　　　　　)
173. 如履薄氷 (　　　　　) 174. 過猶不及 (　　　　　)
175. 毛遂自薦 (　　　　　) 176. 殺人未遂 (　　　　　)

(2) 다음 낱말을 한자로 쓰시오.

1. 효도 (　　　) 2. 책자 (　　　) 3. 장래 (　　　)
4. 축제 (　　　) 5. 제사 (　　　) 6. 필연 (　　　)
7. 소유 (　　　) 8. 일제 (　　　) 9. 장엄 (　　　)
10. 핵심 (　　　) 11. 염려 (　　　) 12. 사건 (　　　)
13. 공구 (　　　) 14. 의복 (　　　) 15. 물질 (　　　)
16. 수교 (　　　) 17. 궁녀 (　　　) 18. 교실 (　　　)
19. 치안 (　　　) 20. 백배 (　　　) 21. 인사 (　　　)
22. 막급 (　　　) 23. 사제 (　　　) 24. 매일 (　　　)

25. 안면 ( )	26. 단색 ( )	27. 필벌 ( )
28. 온천 ( )	29. 실행 ( )	30. 공포 ( )
31. 송구 ( )	32. 애국 ( )	33. 확연 ( )
34. 전물 ( )	35. 용서 ( )	36. 외모 ( )
37. 온순 ( )	38. 시신 ( )	39. 경굴 ( )
40. 어법 ( )	41. 미래 ( )	42. 유연 ( )
43. 기숙 ( )	44. 필자 ( )	45. 출근 ( )
46. 기립 ( )	47. 비열 ( )	48. 안정 ( )
49. 정직 ( )	50. 장병 ( )	51. 견문 ( )
52. 자연 ( )	53. 제단 ( )	54. 후비 ( )
55. 도공 ( )	56. 도예 ( )	57. 무장 ( )
58. 부활 ( )	59. 개입 ( )	60. 홀연 ( )
61. 고인 ( )	62. 각사 ( )	63. 선량 ( )
64. 위법 ( )	65. 신세 ( )	66. 이순 ( )
67. 목적 ( )	68. 위헌 ( )	69. 민심 ( )
70. 사색 ( )	71. 심려 ( )	72. 상위 ( )
73. 친구 ( )	74. 결과 ( )	75. 제법 ( )
76. 진심 ( )	77. 환형 ( )	78. 제반 ( )
79. 화색 ( )	80. 미술 ( )	81. 생략 ( )
82. 효부 ( )	83. 낭자 ( )	84. 촌지 ( )

(3) 다음 한자어의 뜻을 쓰시오.

1. 孝悌
2. 種子
3. 智將
4. 祭器

5. 合祀

6. 必是

7. 含有

8. 齊唱

9. 別莊

10. 關心

11. 憂慮

12. 事例

13. 漁具

14. 服制

15. 賂物

16. 研修

17. 宮殿

18. 蠶室

19. 治水

20. 百態

21. 人事

22. 遡及

23. 路祭

24. 日沒

25. 童顏

26. 色素

27. 必納

28. 溫泉

29. 隨行

30. 恐喝

31. 悚懼

32. 敬愛

33. 確然

34. 殷賁

35. 容貌

36. 美貌

37. 低溫

38. 獻身

39. 敬詘

40. 語彙

41. 未洽

42. 然否

43. 露宿

44. 隱者

45. 提出

46. 獨立

47. 卑怯

48. 靜肅

49. 嚴正

50. 將兵

51. 偏見

52. 肅然

53. 過猶不及

54. 祭需

55. 畢後

56. 陶冶

57. 陶器

58. 毛遂自薦

59. 武將

60. 復活

61. 收入

62. 茫然

63. 故友

64. 誠愨

65. 善良

66. 違反

67. 焚身

68. 耳順

69. 注目

70. 非違

71. 操心

72. 見金如石

73. 駟不及舌

74. 生者必滅

75. 如履薄氷

76. 思索

77. 熟慮

78. 相違

79. 親近

80. 妥結

81. 諸法

82. 放心

83. 環形

84. 諸儒

85. 飢色

86. 技術

87. 省墓

88. 孝鳥

89. 元子

90. 鬪志

91. 擧世皆濁

92. 殺人未遂

(4) 뜻이 반대되거나 상대되도록 ( )에 알맞은 한자를 쓰시오.

1. 薄 ↔ ( )

2. 將 ↔ ( )

3. 醉 ↔ ( )

4. 長 ↔ ( )

5. 安 ↔ ( )

6. 殺 ↔ ( )

7. 合 ↔ ( )

8. 外 ↔ ( )

9. 濁 ↔ ( )

10. 賣 ↔ ( )

11. 春 ↔ ( )

12. 卑 ↔ ( )

13. 民 ↔ ( )

14. 親 ↔ ( )

15. 順 ↔ ( )

16. 老 ↔ ( )

17. 溫 ↔ ( )

18. 實 ↔ ( )

19. 滅 ↔ ( )

20. 低 ↔ ( )

21. 純 ↔ ( )

22. 劣 ↔ ( )

23. 卑怯 ↔ ( )敢

24. 司祭 ↔ ( )女

25. 齊唱 ↔ ( )唱

26. 結果 ↔ ( )因

27. 操心 ↔ ( )心

28. 違憲 ↔ ( )憲

29. 違法 ↔ ( )法

30. 善良 ↔ ( )良

31. 改善 ↔ 改( )

32. 加入 ↔ ( )出

33. 自然 ↔ 人( )

34. 低溫 ↔ ( )溫

35. 童顔 ↔ ( )顔

36. 將來 ↔ ( )去

37. 日沒 ↔ 日( )

38. 屈服 ↔ ( )抗

39. 關心 ↔ ( )心

40. 必然 ↔ ( )然

〈답〉

1. 厚　2. 卒, 兵　3. 醒　4. 幼　5. 危　6. 活　7. 離
8. 內　9. 淸　10. 買　11. 秋　12. 高　13. 官　14. 疎
15. 逆　16. 少　17. 冷　18. 虛　19. 生　20. 高　21. 雜
22. 優　23. 勇　24. 修　25. 獨　26. 原　27. 放　28. 合
29. 遵　30. 不　31. 惡　32. 退　33. 工　34. 高　35. 老
36. 過　37. 出　38. 抵　39. 無　40. 偶

(5) 다음 문장에 대해 독음을 적고, 번역을 하시오.

1. 孝子將祭祀必有齊莊之心以慮事以具服物以修宮室以治百事

(독음)

(번역)

2. 及祭之日顏色必溫行必恐如懼不及愛然

(독음)

(번역)

3. 其奠之也容貌必溫身必詘如語焉而未之然

(독음)

(번역)

4. 宿者皆出其立卑靜以正如將不見然及祭之後陶陶遂遂如將復入然

(독음)

(번역)

5. 是故慤善不違身耳目不違心思慮不違親

(독음)

(번역)

6. 結諸心形諸色而術省之孝子之志也

(독음)

(번역)

08 自然觀 (자연관)

樂山樂水, 聖人之言, 非謂山爲仁而水爲智也, 亦非謂人與山水本一性也. 但曰仁者類乎山, 故樂山, 智者類乎水, 故樂水. 所謂類者, 特指仁智之人氣象意思而云爾. 欲人因可象而求其實, 以爲指準模範之極耳, 非欲其就山水而求仁智也. 苟吾心有仁智之實, 充諸中而暢於外, 則樂山樂水, 不待切切然求, 而自有其樂矣.(李滉, 『退溪集』, <答權章仲論樂山樂水>)

한자어 학습

樂(요) **좋아할**

益者三樂(익자삼요) **유익할** 익 **것** 자 **석** 삼

山(산) **뫼**

山羊(산양) **양** 양 山河(산하) **강** 하 山神(산신) **신** 신

樂(요) **좋아할**

損者三樂(손자삼요) **손해볼** 손 **것** 자 **석** 삼

水(수) **물, 큰물**

湖水(호수) **호수** 호 水位(수위) **자리** 위 洪水(홍수) **큰물** 홍

聖(성) **성인, 성스러울**

聖誕(성탄) **태어날** 탄 聖經(성경) **경서** 경 聖域(성역) **지경** 역

人(인) **사람**

人質(인질) **볼모** 질 人物(인물) **사람** 물 人相(인상) **모습** 상

言(언) **말, 말할**

直言(직언) **곧을** 직 遺言(유언) **남길** 유 宣言(선언) **펼** 선

非(비) **아닐, 어긋날, 헐뜯을**

非凡(비범) **범상할** 비 非禮(비례) **예** 례 非難(비난) **나무랄** 난

謂(위) **이를**

修道之謂教(수도지위교) **닦을** 수 **도** 도 **어조사** 지 **가르칠** 교

山(산) **뫼, 무덤**

山勢(산세) **형세** 세 山川(산천) **내** 천 山所(산소) **곳** 소

爲(위) **될**

塵積爲山(진적위산) **티끌** 진 **쌓일** 적 **뫼** 산

仁(인) **어질**

仁慈(인자) **사랑할** 자 寬仁(관인) **너그러울** 관 仁義(인의) **의로울** 의

水(수) **물**

水產(수산) **날** 산 淨水(정수) **깨끗할** 정 水脈(수맥) **줄기** 맥

爲(위) 될

夫爲婦綱(부위부강) 지아비 부 아내 부 벼리 강

智(지) 지혜, 꾀

智慧(지혜) 슬기 혜 理智(이지) 이치 리 智囊(지낭) 주머니 낭

非(비) 아닐

非一非再(비일비재) 한 일 두 재

謂(위) 이를

率性之謂道(솔성지위도) 좇을 솔 품성 성 어조사 지 도 도

人(인) 사람

犯人(범인) 범할 범 才人(재인) 재주 재 人跡(인적) 발자취 적

與(여) ~와

子與孫間(자여손간) 자식 자 손자 자 사이 간

山(산) 뫼

山岳(산악) 큰 산 악 丘山(구산) 언덕 구 山積 (산적) 쌓일 적

水(수) 물

水門(수문) 문 문 貯水(저수) 담을 저 水量 (수량) 양 량

本(본) 본디, 근본

本來(본래) 이래 래 本是(본시) 이 시 本末 (본말) 끝 말

一(일) 같을, 한, 모두

一致(일치) 이를 치 統一(통일) 합칠 통 一切(일체) 모두 체

性(성) **성질, 성품**

特性(특성) **특별할** 특　天性(천성) **타고난** 천　性格(성격) **인품** 격

但(단) **다만**

但只(단지) **다만** 지　非但 (비단) **아닐** 비　但書(단서) **글** 서

仁(인) **어질**

殺身成仁(살신성인) **죽일** 살 **자신** 신 **이룰** 성

類(류) **무리**

分類(분류) **나눌** 분　同類(동류) **같을** 동　魚類(어류) **고기** 어

山(산) **뫼**

青山(청산) **푸를** 청　氷山(빙산) **얼음** 빙　山脈(산맥) **줄기** 맥

故(고) **까닭, 일부러, 사고**

然故(연고) **그러할** 연　故意(고의) **뜻** 의　故障(고장) **장애** 장

樂(요) **좋아할**

樂此不疲(요차불피) **이** 차 **아닐** 불 **지칠** 피

山(산) **뫼**

山中貴物(산중귀물) **속** 중 **귀할** 귀 **물건** 물

智(지) **지혜로울, 지혜**

智謀(지모) **꾀** 모　智略(지략) **계략** 략　智性(지성) **성질** 성

類(류) **비슷할**

類類相從(유유상종) **비슷할** 류 **서로** 상 **좇을** 종

水(수) 물

我田引水(아전인수) 나 아 발 전 끌 인

樂(요) 좋아할

幸災樂禍(행재요화) 좋아할 행 재앙 재 재앙 화

水(수) 물

水分(수분) 성분 분 香水(향수) 향기로울 향 廢水(폐수) 못쓰게될 폐

所(소) 바, 곳

所重(소중) 귀중할 중 墓所(묘소) 무덤 묘 住所(주소) 살 주

類(류) 비슷할, 무리

類例(유례) 전례 례 油類(유류) 기름 유 糖類(당류) 설탕 당

特(특) 다만, 특별히, 특별한

特殊(특수) 다를 수 特活(특활) 생활 활 特技(특기) 재주 기

指(지) 가리킬

指摘(지적) 들추어낼 적 指定(지정) 정할 정 指示(지시) 보일 시

人(인) 사람

人壽(인수) 목숨 수 人數(인수) 수효 수 人情(인정) 정 정

氣(기) 기상, 공기, 냄새

豪氣(호기) 호방할 호 濕氣(습기) 축축할 습 香氣(향기) 향기로울 향

象(상) 모양, 코끼리

形象(형상) 모양 형 印象(인상) 찍을 인 象牙(상아) 어금니 아

意(의) 뜻, 생각

意味(의미) 뜻 미　誠意(성의) 정성 성　意思(의사) 생각 사

思(사) 생각

思考(사고) 생각 고　思辨(사변) 분별할 변　思念(사념) 생각 념

云(운) 이를

云謂(운위) 말할 위　云爲(운위) 행할 위　云云(운운) 이를 운

欲(욕) 하고자 할

欲速不達(욕속부달) 빠를 속 아닐 부 이를 달

人(인) 사람

人士(인사) 선비 사　人氣(인기) 기운 기　恩人(은인) 은혜 은

因(인) 인할, 원인, 좇을

因子(인자) 접미사 자　死因(사인) 죽을 사　因襲(인습) 따를 습

可(가) ~할 만하다

後生可畏(후생가외) 뒤 후 날 생 두려워할 외

象(상) 본받을, 형상

現象(현상) 나타날 현　對象(대상) 상대할 대　象徵(상징) 현상 징

求(구) 구할

求職(구직) 직업 직　促求(촉구) 재촉할 촉　請求(청구) 청할 청

實(실) 본질, 열매

實體(실체) 근본 체　實果(실과) 열매 과　梅實(매실) 매화나무 매

指(지) 가리킬, 손가락

指標(지표) 표지 표　指章(지장) 도장 장　指紋(지문) 무늬 문

準(준) 기준

標準(표준) 표할 표　準據(준거) 근거 거　基準(기준) 기초 기

模(모) 본보기, 법식, 흐릴

模範(모범) 본보기 범　規模(규모) 법 규　模糊(모호) 흐릿할 호

範(범) 모범, 한계

示範(시범) 보일 시　典範(전범) 법 전　範圍(범위) 경계 위

極(극) 점점, 매우, 극

極致(극치) 이를 치　極甚(극심) 심할 심　兩極(양극) 두 양

耳(이) 뿐, 귀

中耳(중이) 가운데 귀　耳痛(이통) 아플 통　耳環(이환) 고리 환

非(비) 아닐

非夢似夢(비몽사몽) 꿈 몽 같을 사 꿈 몽

欲(욕) 하고자 할, 욕심

情慾(정욕) 성욕 정　欲心(욕심) 마음 심　利欲(이욕) 이익 리

就(취) 나갈, 이룰

日就(일취) 날 일　就寢(취침) 잘 침　成就(성취) 이룰 성

山(산) 뫼

愚公移山(우공이산) 사람 이름 우 존칭 공 옮길 리

水(수) 물

水魚之交(수어지교) 고기 어 어조사 지 사귈 교

求(구) 구할

求愛(구애) 사랑할 애 干求(간구) 구할 간 追求(추구) 좇을 추

仁(인) 어질

婦人之仁(부인지인) 아내 부 사람 인 어조사 지

智(지) 지혜

叡智(예지) 밝을 예 智育(지육) 기를 육 衆智(중지) 무리 중

苟(구) 만약, 구차할

苟延歲月(구연세월) 늘일 연 세월 세 세월 월

吾(오) 나

善惡皆吾師(선악개오사) 착할 선 악할 악 모두 개 스승 사

心(심) 마음, 중심

心醉(심취) 취할 취 衷心(충심) 속마음 충 都心(도심) 도시 도

仁(인) 어짐, 어질

仁者無敵(인자무적) 사람 자 없을 무 맞설 적

智(지) 지혜

膽智(담지) 담력 담 銳智(예지) 날카로울 예 智勇(지용) 용기 용

實(실) 본질, 실제

實驗(실험) 시험함 험 現實(현실) 나타날 현 實施(실시) 베풀 시

充(충) **가득 찰, 채울**

充滿(충만) **찰** 만　充員(충원) **인원** 원　充電(충전) **전기** 전

諸(저) **~에**

反求諸己(반구저기) **반대로** 반 **찾을** 구 **자기** 기

中(중) **마음, 중도, 맞을**

心中(심중) **마음** 심　途中(도중) **길** 도　的中(적중) **과녁** 적

暢(창) **드러낼, 막힘 없을, 화창할**

暢達(창달) **이를** 달　流暢(유창) **흐를** 유　和暢(화창) **온화할** 화

外(외) **바깥, 외국**

外部(외부) **곳** 부　外信(외신) **소식** 신　海外(해외) **바다** 해

則(즉) **그럴, 법(칙)**

然則(연즉) **그럴** 연　準則(준칙) **법** 준　校則(교칙) **학교** 교

待(대) **기다릴, 대접할**

待望(대망) **바랄** 망　歡待(환대) **기뻐할** 환　招待(초대) **부를** 초

切(절) **절실할, 적절할**

懇切(간절) **간절할** 간　切感(절감) **느낄** 감　適切(적절) **맞을** 적

切(절) **절실할, 정성스러운, 끊을**

切實(절실) **참될** 실　親切(친절) **친할** 친　切開(절개) **열** 개

然(연) **형용어, 그러할**

漠然(막연) **넓을** 막　偶然(우연) **우연히** 우　當然(당연) **마땅히** 당

求(구) **구할, 모일**

強求(강구) **억지로** 강 希求(희구) **바랄** 희 求心(구심) **중심** 심

自(자) **스스로**

自責(자책) **꾸짖을** 책 自招(자초) **부를** 초 自滅(자멸) **멸망할** 멸

樂(요) **좋아할, 즐거울(락), 음악(악)**

樂園(낙원) **동산** 원 歡樂(환락) **기뻐할** 환 樂譜(악보) **악보** 보

✤ 허사 용례 및 어구 풀이

樂山樂水, 聖人之言, 非謂山爲仁而水爲智也, 亦非謂人與山水本一性也.; 산을 좋아하고 물을 좋아한다는 것은 성인의 말씀인데, 산이 어짊이고 물이 지혜임을 말하는 것이 아니고, 또한 사람과 산수가 본래 같은 성질임을 말하는 것도 아니다.

- **樂山樂水, 聖人之言**; 산을 좋아하고 물을 좋아한다는 것은 성인의 말씀인데; '주어(樂山樂水) + 술어(爲 또는 是) + 보어(聖人之言)'의 형태인데 '爲' 또는 '是'가 생략됨; '樂山樂水'는 '산을 좋아하고 물을 좋아한다/술어(樂) + 목적어(山) + 술어(樂) + 목적어(水)의 형태/동사구로서 주어가 됨', '樂'은 '좋아하다/'요'로 읽음/동사', '山'은 '산/명사', '樂'은 '좋아하다/'요'로 읽음/동사', '水'는 '물/명사', '聖人之言'은 '성인의 말씀/명사(聖人) + 관형격 조사(之) + 명사(言)', '聖'은 '성스럽다/형용사', '人'은 '사람/명사', '之'는 ' ~의/관형격 조사', '言'은 '말씀, 말/명사'
- **非謂山爲仁而水爲智也**; 산이 어짊이고 물이 지혜임을 말하는 것이 아니고; '술어(非) + 보어(謂山爲仁而水爲智) + 종결형 조사(也)'의 형태; '非'는 ' ~가 아니다/형용사', '謂山爲仁而水爲智'는 '산이 어짊이고 물이 지혜임을 말하다/술어(謂) + 목적어(山爲仁而水爲智)의 형태', '謂'는 '말하다, 이르다/동사', '山爲仁而水爲智'는 '산이 어짊이고 물이 지혜이다/주어(山) + 술어(爲) + 보어(仁) + 접속어(而) + 주어(水) + 술어(爲) + 보어(智)의 형태/명사절로서 '謂'의 목적어', '山'은 '산/명사', '爲'는 '이다/동사', '仁'은 '어짊/명사', '而'는 ' ~ 이고/순접/접속사', '水'는 '물/명사', '爲'는 '이다/동사', '智'는 '지혜/명사', '也'는 '평서문의 종결형 조사'
- **亦非謂人與山水本一性也**; 또한 사람과 산수가 본래 같은 성질임을 말하는 것도 아니다; '부사어(亦) + 술어(非) + 보어(謂人與山水本一性) + 종결형 조사(也)'의 형태; '亦'은 '또한/부사어', '非'는 ' ~가 아니다/형용사', '謂人與山水本一性'은 '사람과 산수가 본래 같은 성질임을 말하다/술어(謂) + 목적어(人與

山水本一性)의 형태', '謂'는 '말하다, 이르다/동사', '人與山水本一性'은 '사람과 산수가 본래 같은 성질이다/주어(人與山水) + 부사어(本) + 술어(爲 또는 是) + 보어(一性)의 형태인데 '爲' 또는 '是'가 생략됨/명사절로서 '謂'의 목적어', '人與山水'는 '사람과 산수/명사(人) + 접속사(與) + 명사(山水)', '人'은 '사람/명사', '與'는 ' ~와, 과/접속사', '山水'는 '산수', '山'은 '산/명사', '水'는 '물/명사', '本一性'은 '본래 같은 성질', '本'은 '본래/부사', '一'은 '같은, 동일한/형용사', '性'은 '성질/명사', '也'는 '평서문의 종결형 조사'

但曰仁者類乎山, 故樂山, 智者類乎水, 故樂水.; 다만 어진 자는 산과 비슷하므로 산을 좋아하고, 지혜로운 자는 물과 비슷하므로 물을 좋아한다고 말한 것이다.

- **但曰仁者類乎山, 故樂山, 智者類乎水, 故樂水**; 다만 어진 자는 산과 비슷하므로 산을 좋아하고, 지혜로운 자는 물과 비슷하므로 물을 좋아한다고 말한 것이다; '부사어(但) + 술어(曰) + 목적어(仁者類乎山, 故樂山, 智者類乎水, 故樂水)'의 형태; '但'은 '다만/부사', '曰'은 '말하다/동사', '仁者類乎山, 故樂山, 智者類乎水, 故樂水'는 '어진 자는 산과 비슷하므로 산을 좋아하고, 지혜로운 자는 물과 비슷하므로 물을 좋아한다/주어(仁者) + 술어(類) + 비교격 조사(乎) + 보어(山) + 부사어(故) + 술어(樂) + 목적어(山), 주어(智者) + 술어(類) + 비교격 조사(乎) + 보어(水) + 부사어(故) + 술어(樂) + 목적어(水)의 형태/명사절로서 '曰'의 목적어', '仁者'는 '어진 자/형용사(仁) + 명사(者)', '仁'은 '어질다/형용사', '者'는 '사람/명사', '類'는 '비슷하다/형용사', '乎'는 ' ~와, ~과/비교격 조사', '山'은 '산/명사', '故'는 '고로, 까닭에/부사', '樂'은 '좋아하다/'요'로 읽음/동사', '山'은 '산/명사', '智者'는 '지혜로운 자', '智'는 '지혜롭다/형용사', '者'는 '사람/명사', '類'는 '비슷하다/형용사', '乎'는 ' ~와, ~과/비교격 조사', '水'는 '물/명사', '故'는 '고로, 까닭에/부사', '樂'은 '좋아하다/'요'로 읽음/동사', '水'는 '물/명사'

所謂類者, 特指仁智之人氣象意思而云爾.; 이른바 비슷하다는 것은 다만 어질고 지혜로운 자의 기상과 생각을 가리켜서 말한 것일 뿐이다.

■ **所謂類者, 特指仁智之人氣象意思而云爾**; 이른바 비슷하다는 것은 다만 어질고 지혜로운 자의 기상과 생각을 가리켜서 말한 것일 뿐이다; '부사어(所謂) + 주어(類者) + 부사어(特) + 보어(指仁智之人氣象意思而云) + 한정어(爾)'의 형태; '所謂類者'는 '所謂 ~ (類)者의 형태/ 이른바 ~ 하는 것', '所謂'는 '이른바/부사', '所 ~ (술어/謂)'는 '~ 하는 바, ~ 하는 것/ 명사', '謂'는 '이르다/일컫다/동사', '類'는 '비슷하다/형용사', '者'는 ' ~하는 것', '特 ~ 爾'는 '다만 ~ 뿐이다', '指仁智之人氣象意思而云'는 '어질고 지혜로운 자의 기상과 생각을 가리켜서 말하다/술어(指) + 목적어(仁智之人氣象意思) + 접속어(而) + 술어(云)의 형태', '指'는 '가리키다/동사', '仁智之人'은 '어질고 지혜로운 자/형용사(仁智) + 관형격 조사(之) + 명사(人)', '仁'은 '어질다/형용사', '智'는 '지혜롭다/형용사', '之'는 ' ~ 하는/관형격 조사', '人'은 '사람/명사', '氣象意思'는 '기상과 생각/명사(氣象) + 접속사(與) + 명사(意思)의 형태인데 '與'가 생략됨', '氣'는 '기세/명사', '象'은 '모습/명사', '意'는 '뜻/명사', '思'는 '생각/명사', '而'는 ' ~해서/순접/접속사', '云'은 '이르다, 말하다/동사', '爾'는 ' ~할 뿐이다, ~할 따름이다/한정사'

欲人因可象而求其實, 以爲指準模範之極耳, 非欲其就山水而求仁智也.; 사람들이 본받을 만한 것으로 말미암아 그것의 본질을 찾으려고 하기 때문에 기준과 본보기를 가리키는 극처로 삼았을 뿐이지, 사람들이 산수에 나아가 어짊과 지혜를 찾으려고 하는 것은 아니다.

■ **欲人因可象而求其實**; 사람들이 본받을 만한 것으로 말미암아 그것의 본질을 찾으려고 하기 때문에; '조동사(欲) + 주어(人) + 술어(因) + 목적어(可象) + 접속어(而) + 술어(求) + 목적어(其實)의' 형태인데 '人'과 '欲'이 도치됨; '欲'은 '

~ 하려고 하다, ~ 하고자 하다/조동사', '人'은 '사람/명사', '因'은 '말미암다/동사', '可象'은 '본받을 만한 것/조동사(可) + 술어(象)의 형태', '可'는 ' ~ 할 만하다/자격을 나타내는 조동사', '象'은 '본받다/동사', '而'는 ' ~ 하여/순접/접속사', '求'는 '찾다, 구하다/동사', '其實'은 '그것의 본질/지시대명사(其) + 관형격 조사 (之) + 명사(實)의 형태인데 '之'가 생략됨', '其'는 '그/본받을 만한 것을 가리키는 지시대명사', '實'은 '본질/명사'

- **以爲指準模範之極耳**; 기준과 본보기를 가리키는 극처로 삼았을 뿐이지; '술어(以爲) + 보어(指準模範之極) + 한정어(耳)'의 형태; '以爲(A以爲B)'는 ' ~ 로 삼다(A를 B로 삼다)', '指準模範之極'은 '기준과 본보기를 가리키는 극처/동사구(指準模範) + 관형격 조사(之) + 명사(極)의 형태', '指準模範'은 '표준과 본보기를 가리키다/술어(指) + 목적어(準模範)', '指'는 '가리키다/동사', '準模範'은 '기준과 본보기/명사(準) + 접속사(與) + 명사(模範)의 형태인데 '與'가 생략됨', '準'은 '기준/명사', '模範'은 '본보기/명사', '之'는 ' ~하는/관형격조사', '極'은 '극처/명사', '耳'는 ' ~ 할 뿐, ~ 할 따름/한정사'
- **非欲其就山水而求仁智也**; 사람들이 산과 물에 나아가 어짊과 지혜를 찾으려고 하는 것은 아니다; '술어(非) + 보어(欲其就山水而求仁智) + 종결형 조사(也)'의 형태; '非'는 ' ~ 가 아니다/형용사', '欲其就山水而求仁智'는 '조동사(欲) + 주어(其) + 술어(就) + 부사어(於山水) + 접속어(而) + 술어(求)+ 목적어(仁智)'의 형태인데 '其'와 '欲'이 도치되고 처격 조사 '於'가 생략됨', '欲'은 ' ~ 하려고 하다, ~ 하고자 하다/조동사', '其'는 '그들/'人'을 가리키는 지시대명사', '就'는 '나아가다/동사', '山水'는 '산수', '山'은 '산/명사', '水'는 '물/명사', '而'는 ' ~ 해서/순접/접속사', '求'는 '찾다, 구하다/동사', '仁'은 '어짊/명사', '智'는 '지혜/명사'

苟吾心有仁智之實, 充諸中而暢於外, 則樂山樂水, 不待切切然求, 而自有其樂矣.; 만약 내 마음에 어짊과 지혜로움의 본질이 있어 마음속에 가득 차서 밖으로 드러난다면, 산을 좋아하고 물을 좋아하는 것을 간절히 구하지 않더라도 절로 그 좋아함을 얻게 될 것이다.

▪ **吾心有仁智之實, 充諸中而暢於外**; 만약 내 마음에 어짊과 지혜로움의 본질이 있어 마음속에 가득 차서 밖으로 드러난다면; '부사어(苟)+주어(吾心)+술어(有)+목적어(仁智之實), 술어(充)+부사어(諸中)+접속어(而)+술어(暢)+부사어(於外)'의 형태; '苟'는 '만약/부사', '吾心'은 나의 마음/인칭대명사(吾) + 관형격 조사(之) + 명사(心)의 형태인데 '之'가 생략됨', '有'는 '있다/동사', '仁智之實'은 '어짊과 지혜로움의 본질/명사(仁智) + 관형격 조사(之)+명사(實)', '仁智'는 '어짐과 지혜로움/명사(仁)+접속사(與)+명사(智)의 형태인데 '與'가 생략됨', '仁'은 '어짊/명사', '智'는 '지혜/명사', '之'는 ' ~의/관형격 조사', '實'은 '본질/명사', '充'은 '채우다, 가득 차다/동사', '諸'는 '~에/처격조사', '心'은 '마음/명사', '而'은 '~해서/순접/접속사', '暢'은 '드러나다/동사', '於'는 '~로/방향격 조사', '外'는 '바깥, 밖/명사'

▪ **則樂山樂水, 不待切切然求, 而自有其樂矣**; 산을 좋아하고 물을 좋아하는 것을 간절히 구하지 않더라도 절로 그 좋아함을 얻게 될 것이다; '접속어(則)+목적어(樂山樂水)+부정사(不) + 술어(待) + 목적어(切切然求), 접속어(而)+부사어(自)+술어(有)+목적어(其樂)+종결형 조사(矣)'의 형태; '則'은 '~하면 ~하다/'즉'으로 읽음/접속사', '樂山樂水'는 '산을 좋아하고 물을 좋아하다/술어(樂) + 목적어(山) + 술어(樂) + 목적어(水)의 형태/동사구로서 목적어가 됨', '樂'은 '좋아하다/'요'로 읽음/동사', '山'은 '산/명사', '樂'은 '좋아하다/'요'로 읽음/동사', '水'는 '물/명사', '不待切切然求'는 '간절히 구함을 기다리지 않더라도, 간절히 구하지 않더라도', '不'은 '아니하다/부정사', '待'는 '기다리다/동사', '切切然求'는 '간절히 구하다/부사어(切切然) + 술어(求)', '切切然'은 '간절한 모양/형용사(切切) + 형용어(然)', '切'은 '간절하다/형용사', '然'은 '동사나 형용사 뒤에 붙어서 상태를 나타내는 접미사', '求'는 '구하다, 찾다/동사' '而'은 ' ~해도/역접/접속사', '自'는 '절로, 저절로/부사', '有'는 '가지다/동사', '其'는 '산수를 가리키는 지시대명사', '樂'은 '좋아함/'요'로 읽음/명사'

✤ 내용 해설

自然(자연)은 인간의 생존 환경이자 영원한 귀속처이다. 우주 자연의 天理(천리)에 순응하고자 했던 유가들은 자연에 안겨서 자연을 스승으로 삼아 살다가 자연으로 돌아가는 것을 당연한 이치로 받아들였다. 그렇기에 한문 문헌에 표현된 자연은 天理(천리)가 어김없이 실현되는 현실이요 완벽한 아름다움의 표상이다.

어김없는 자연의 표상을 한문 문헌에서는 '山水(산수)'라고 하였다. 草木禽獸(초목금수)와 인간은 생명체로서 생사의 고비를 겪으며 나고 사라지지만, 산과 물은 生滅(생멸)하지 않고 끊임없이 흐르고 변함없이 솟아 있기 때문에 어김없는 자연의 표상으로 인식된 것이다. 이에 대한 대표적인 예가 『論語(논어)』에서 공자가 언급한 '樂山樂水(요산요수)'장이다.

공자는 "智者(지자)는 물을 좋하하고, 仁者(인자)는 산을 좋아한다. 智者(지자)는 動的(동적)이며, 仁者(인자)는 靜的(정적)이다."라고 하였다. 이 구절에 대하여 남송 학자 朱熹(주희)는 "智者(지자)는 사리에 통달하여 두루 흐르고 막힘이 없으므로 물과 유사한 점이 있고, 仁者(인자)는 의리를 편안하게 여겨 중후하고 옮겨가지 않으니 산과 유사한 점이 있다."라고 풀이하였다. 이는 智者(지자)와 仁者(인자)의 기상이 가지는 대체적인 면모가 각기 산수의 자연적 속성과 서로 부합하는 측면이 있기 때문에 그 비슷함을 근거로 비유한 것이다.

본문의 내용은 退溪(퇴계) 李滉(이황)이 제자이자 종외손인 權好文(권호문)에게 이 구절에 대하여 자신의 견해를 피력한 것인데, 주희가 말한 것과 그 맥을 같이 하고 있다. 즉 사람과 산수는 동일한 본성은 아니지만 山水(산수)의 자연적 속성과 仁智(인지)의 인격적 덕성을 대비하여 사람들에게 仁智(인지)의 기상을 쉽게 이해하도록 한 것이라고 해석하였다. 그러나 퇴계는 산과 물만 바라본다고 하여 도덕적 덕성이 함양되는 것은 아니라고 보았다. 산과 물은 仁智(인지)의 덕성에 대한 이해를 돕기 위한 지극한 요령이지만, 인간의 내면 속에 존재하는 仁智

(인지)의 덕성은 스스로 깨닫고 발현시키려 노력할 때 성취될 수 있는 일이기 때문이다.

공자의 '樂山樂水(요산요수)' 장으로 대변되는 유가의 산수는 개인의 내면 속에 형성되어 있는 추상적 덕성을 자연의 산수에 투사하여, 자신이 성취해 나아가야 할 바에 대한 실체를 가까이에서 목도케 하는 자연물이다. 자연은 모든 존재가 스스로 그렇게 놓여 있는 개별 자연물이지만, 자연을 어떻게 인식하느냐 하는 문제는 그 시대의 사상과 문화를 이해할 수 있는 표상으로 작용된다. 이런 관점에서 볼 때 유가에게 있어 산수는 천리의 운행에 따라 움직이는 자연물의 표상이면서 일상생활에서 인간의 심성을 수양하고 인격을 함양케 하는 철학적 탐구의 대상이자 도덕적 공간으로 인지되었음을 확인할 수 있다.

〈참조한 자료 및 더 읽을 거리〉

김영두 역주, 『퇴계와 고봉, 편지를 쓰다』, 소나무, 2003.

박유리 편, 『논어 해설』, 국학자료원, 2005.

성백효 역주, 『논어집주』, 전통문화연구회, 1997.

성백효 역주, 『시경집전』, 전통문화연구회, 1996.

심경호, 『한국한시의 이해』, 태학사, 2000.

유약우 저, 이장우 역, 『중국시학』, 명문당, 1994.

윤사순, 『조선시대 성리학의 연구』, 고려대 민족문화연구원, 1998.

정경주, 『한문고전학개설』, 신지서원, 2002.

정순목, 『퇴계평전』, 지식산업사, 1991.

익힘문제

(1) 다음 한자어의 독음을 쓰시오.

1. 山羊 (　　)	2. 山河 (　　)	3. 水位 (　　)
4. 洪水 (　　)	5. 聖誕 (　　)	6. 聖域 (　　)
7. 人質 (　　)	8. 人物 (　　)	9. 遺言 (　　)
10. 宣言 (　　)	11. 非禮 (　　)	12. 非難 (　　)
13. 山勢 (　　)	14. 山川 (　　)	15. 仁慈 (　　)
16. 寬仁 (　　)	17. 水産 (　　)	18. 水脈 (　　)
19. 智慧 (　　)	20. 智囊 (　　)	21. 犯人 (　　)
22. 人跡 (　　)	23. 丘山 (　　)	24. 山積 (　　)
24. 水門 (　　)	25. 貯水 (　　)	26. 本是 (　　)
27. 本末 (　　)	28. 統一 (　　)	29. 一切 (　　)
30. 特性 (　　)	31. 性格 (　　)	32. 但只 (　　)
34. 但書 (　　)	35. 分類 (　　)	36. 同類 (　　)
37. 氷山 (　　)	38. 山脈 (　　)	39. 然故 (　　)
40. 故障 (　　)	41. 智謀 (　　)	42. 智略 (　　)
43. 水分 (　　)	44. 廢水 (　　)	45. 所重 (　　)
46. 墓所 (　　)	47. 類例 (　　)	48. 糖類 (　　)
49. 特殊 (　　)	50. 特技 (　　)	51. 指摘 (　　)
52. 指定 (　　)	53. 人壽 (　　)	54. 人數 (　　)
55. 豪氣 (　　)	56. 濕氣 (　　)	57. 印象 (　　)
58. 象牙 (　　)	59. 誠意 (　　)	60. 意思 (　　)
61. 思辨 (　　)	62. 思念 (　　)	63. 云爲 (　　)

64. 云謂 ( ) 65. 人士 ( ) 66. 恩人 ( )
67. 因子 ( ) 68. 因襲 ( ) 69. 對象 ( )
70. 象徵 ( ) 71. 求職 ( ) 72. 促求 ( )
73. 實體 ( ) 74. 實果 ( ) 75. 指標 ( )
76. 指紋 ( ) 77. 標準 ( ) 78. 準據 ( )
79. 模範 ( ) 80. 模糊 ( ) 81. 典範 ( )
82. 範圍 ( ) 83. 極致 ( ) 84. 極甚 ( )
85. 耳痛 ( ) 86. 耳環 ( ) 87. 情欲 ( )
88. 利欲 ( ) 89. 日就 ( ) 90. 就寢 ( )
91. 干求 ( ) 92. 追求 ( ) 93. 叡智 ( )
94. 智育 ( ) 95. 衷心 ( ) 96. 都心 ( )
97. 膽智 ( ) 98. 銳智 ( ) 99. 實驗 ( )
100. 實施 ( ) 101. 充滿 ( ) 102. 充員 ( )
103. 心中 ( ) 104. 途中 ( ) 105. 暢達 ( )
106. 流暢 ( ) 107. 外部 ( ) 108. 海外 ( )
109. 然則 ( ) 110. 準則 ( ) 111. 歡待 ( )
112. 招待 ( ) 113. 懇切 ( ) 114. 適切 ( )
115. 切實 ( ) 116. 切開 ( ) 117. 漠然 ( )
118. 當然 ( ) 119. 希求 ( ) 120. 求心 ( )
121. 自責 ( ) 122. 自滅 ( ) 123. 歡樂 ( )
124. 樂譜 ( )
125. 益者三樂 ( ) 126. 損者三樂 ( )
127. 修道之謂教 ( ) 128. 塵積爲山 ( )
129. 夫爲婦綱 ( ) 130. 非一非再 ( )
131. 率性之謂道 ( ) 132. 子與孫間 ( )

133. 殺身成仁 (　　　　　) 134. 樂此不疲 (　　　　　)

135. 山中貴物 (　　　　　) 136. 類類相從 (　　　　　)

137. 我田引水 (　　　　　) 138. 幸災樂禍 (　　　　　)

139. 欲速不達 (　　　　　) 140. 後生可畏 (　　　　　)

141. 非夢似夢 (　　　　　) 142. 愚公移山 (　　　　　)

143. 水魚之交 (　　　　　) 144. 婦人之仁 (　　　　　)

145. 苟延歲月 (　　　　　) 146. 善惡皆吾師 (　　　　　)

147. 仁者無敵 (　　　　　) 148. 反求諸己 (　　　　　)

(2) 다음 낱말을 한자로 쓰시오.

1. 산신 (　　　) 2. 호수 (　　　) 3. 성경 (　　　)

4. 인상 (　　　) 5. 직언 (　　　) 6. 비범 (　　　)

7. 산소 (　　　) 8. 인의 (　　　) 9. 정수 (　　　)

10. 이지 (　　　) 11. 재인 (　　　) 12. 산악 (　　　)

13. 수량 (　　　) 14. 본래 (　　　) 15. 일치 (　　　)

16. 천성 (　　　) 17. 비단 (　　　) 18. 어류 (　　　)

19. 청산 (　　　) 20. 고의 (　　　) 21. 지성 (　　　)

22. 향수 (　　　) 23. 주소 (　　　) 24. 유류 (　　　)

25. 특활 (　　　) 26. 지시 (　　　) 27. 인정 (　　　)

28. 향기 (　　　) 29. 형상 (　　　) 30. 의미 (　　　)

31. 사고 (　　　) 32. 운운 (　　　) 33. 인기 (　　　)

34. 사인 (　　　) 35. 현상 (　　　) 36. 청구 (　　　)

37. 매실 (　　　) 38. 지장 (　　　) 39. 기준 (　　　)

40. 규모 (　　　) 41. 시범 (　　　) 42. 양극 (　　　)

43. 중이 (　　　) 44. 욕심 (　　　) 45. 성취 (　　　)

46. 구애 (　　　) 47. 중지 (　　　) 48. 심취 (　　　)

49. 지용 (　　　) 50. 현실 (　　　) 51. 충전 (　　　)

52. 적중 (　　　) 53. 화창 (　　　) 54. 외신 (　　　)

55. 교칙 (　　　) 56. 대망 (　　　) 57. 절감 (　　　)

58. 친절 (　　　) 59. 우연 (　　　) 60. 강구 (　　　)

61. 자초 (　　　) 62. 낙원 (　　　)

(3) 다음 한자어의 뜻을 쓰시오.

1. 益者三樂
2. 山河
3. 損者三樂
4.水位
5. 聖域
6. 人質
7. 遺言
8. 非禮
9. 修道之謂敎
10. 山勢
11. 塵積爲山
12. 寬仁
13. 水脈
14. 夫爲婦綱
15. 智囊
16. 非一非再
17. 率性之謂道
18. 才人
19. 子與孫間
20. 山積
21. 貯水
22. 本來
23. 統一
24. 天性
25. 但書
26. 殺身成仁
27. 同類
28. 氷山
29. 故意
30. 樂此不疲
31. 山中貴物
32. 智略

33. 類類相從
34. 我田引水
35. 幸災樂禍
36. 廢水
37. 墓所
38. 類例
39. 特殊
40. 指定
41. 人數
42. 豪氣
43. 印象
44. 誠意
45. 思念
46. 云云
47. 欲速不達
48. 恩人
49. 因襲
50. 後生可畏
51. 象徵
52. 促求
53. 實體
54. 指紋
55. 基準
56. 模糊
57. 示範
58. 極甚
59. 耳環
60. 非夢似夢
61. 利欲
62. 就寢
63. 愚公移山
64. 水魚之交
65. 干求
66. 婦人之仁
67. 叡智
68. 苟延歲月
69. 善惡皆吾師
70. 衷心
71. 仁者無敵
72. 銳智
73. 實驗
74. 充員
75. 反求諸己
76. 途中
77. 暢達
78. 外信
79. 準則
80. 歡待
81. 懇切
82. 切開

83. 漠然　　84. 希求

85. 自招　　86. 歡樂

(4) 뜻이 반대되거나 상대되도록 ( )에 알맞은 한자를 쓰시오.

1. 益 ↔ ( )	2. 醉 ↔ ( )
3. 教 ↔ ( )	4. 師 ↔ ( )
5. 與 ↔ ( )	6. 本 ↔ ( )
7. 此 ↔ ( )	8. 濕 ↔ ( )
9. 外 ↔ ( )	10. 田 ↔ ( )
11. 强 ↔ ( )	12. 反 ↔ ( )
13. 非凡 ↔ ( )凡	14. 直言 ↔ ( )言
15. 香氣 ↔ ( )臭	16. 誕辰 ↔ ( )去
17. 求職 ↔ 求( )	18. 類似 ↔ 相( )
19. 眞實 ↔ ( )僞	20. 模糊 ↔ 明( )
21. 統一 ↔ 分( )	22. 充員 ↔ ( )員
23. 充電 ↔ ( )電	24. 樂園 ↔ 地( )
25. 特殊 ↔ 一( )	26. 偶然 ↔ ( )然
27. 貯水 ↔ ( )水	28. 淨水 ↔ ( )水
29. 流暢 ↔ 語( )	30. 自滅 ↔ 自( )
31. 漠然 ↔ ( )明	32. 歡待 ↔ ( )待

〈답〉

1. 損　2. 醒　3. 學　4. 弟　5. 野　6. 末　7. 彼
8. 乾　9. 內　10. 畓　11. 弱　12. 正　13. 平　14. 曲
15. 惡　16. 逝　17. 人　18. 異　19. 虛　20. 確
21. 斷, 裂　22. 減　23. 放　24. 獄　25. 般　26. 必　27. 排
28. 汚, 廢　29. 訥　30. 生　31. 分　32. 薄, 忽, 賤

(5) 다음 문장에 대해 독음을 적고, 번역을 하시오.

1. 樂山樂水聖人之言非謂山爲仁而水爲智也亦非謂人與山水本一性也

(독음)

(번역)

2. 但日仁者類乎山故樂山智者類乎水故樂水

(독음)

(번역)

3. 所謂類者特指仁智之人氣象意思而云爾

(독음)

(번역)

4. 欲人因可象而求其實以爲指準模範之極耳非欲其就山水而求仁智也

(독음)

(번역)

5. 吾心有仁智之實充諸中而暢於外則樂山樂水不待切切然求而自有其樂矣

(독음)

(번역)